사이버 범죄 수사

김용호

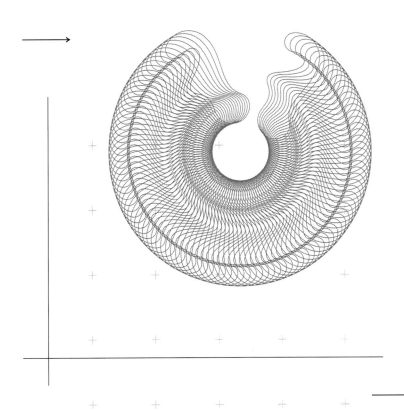

박영사

머리말

25세에 경찰관이 되어 초임지 시골 파출소에서 선배가 시키는 일만 했던 혈기왕성하고 의욕만 앞섰던 실수투성이 경찰관은 24년 후 실무의 경험을 담아 한 권의 책을 출간하게 되었다.

사이버 수사를 처음 할 때 서버를 압수하면서 IDC 센터에 설치된 서버랙을 통째로 가져나왔던 실수, 해외에 서버를 두고 음란사이트를 운영하는 피의자를 검거하기 위해 접속 IP를 몇 개월 동안 추적하여 검거하고 '특진' 했던 일, 늦은 밤 사무실에서 김밥과 라면을 먹으면서 '짝지'와 함께 보고서 작성하였던 수사 형사, 경찰관의 일상을 추억한다.

경찰관을 꿈꾸는 학생들에게 참된 인성을 바탕으로 국민의 인권을 보호하는 진정한 경찰관이 될 것을 가르치며, 후배가 될 그들이 내가 했던 실수를 하지 않기를 염려하며 책을 집필하였다. 날로 증가하는 사이버 범죄를 예방하고, 신속한 검거로 경찰의 위상이 더 높아지기를 응원한다.

이 책을 출간하는 데에 도움 주신 동서대학교 SW중심대학 사업단장 문미경 교수를 비롯한 사업단 교수님들에게 감사 인사를 드립니다. 더불어 박영사 안종만 회장과 안상준 대표, 박세기 부장, 정성혁 대리에게 감사 인사드립니다.

마지막으로, 자신을 희생하며 내조에 힘써주신 아내, 바쁘다는 핑계로 함께 보냈던 시간이 모자랐던 두 딸에게 진심으로 미안하고 사랑한다고 전합니다.

2020년 10월 엄광산 자락에서
경찰관이었음을 언제나 자랑스럽게 생각하는 김용호

차례

Chapter 03

**디지털
포렌식**

Chapter

01

사이버 범죄 수사 일반

제1절   사이버 범죄 개요

1. 사이버 범죄의 정의

사이버(Cyber)의 어원은 그리스어 'kybernetes(조종사, 지배자)'에서 유래했다고 전해지며 1982년 소설가 윌리엄 포드 깁슨(William Ford Gibson)의 소설 '뉴로맨서(Neuromancer)'에서 사이버스페이스 (Cyberspace), 인공두뇌학(Cybernetics) 등과 같은 용어가 처음 등장하였다.

이후 공상과학 소설(Cyberpunk)에서 컴퓨터, 인터넷과 관련된 개념의 접두사로 '사이버(Cyber)'가 널리 쓰이게 되었다.

사이버 범죄(Cyber Crime)란 컴퓨터 범죄(Computer Crime), 인터넷 범죄(Internet Crime)라고 불리며, 특히 컴퓨터·통신·인터넷 등을 악용하여 사이버 공간에서 발생하는 범죄행위이다.

사이버 공간은 컴퓨터와 네트워크를 매개로 하여 형성되는 공간이므로 비가시적이기 때문에 현실 공간과 달리 행위자들은 자신의 얼굴을 드러내지 않고 행동한다는 비대면성, 익명성의 특징이 있다. 이로 인한 탈억제·몰개성화 현상이 동반되기 때문에 범죄를 쉽게 저지르게 된다는 특징이 있으며, 국경이 없고 다양한 주체들이 참여하는 사이버 공간의 특성상 보편적인 가치 규범이 존재하지 않기에 윤리의식이 부족하다. 시·공간의 제약이 없으며, 해킹 등 사이버 공격의 경우 고도의 전문성과 기술력이 필요하다는 특징과 함께 실제로 발생하였음에도 수사기관에 인지되지 않는 등 공식적인 범죄통계에 나타나지 않는 암수성이 있다.

사이버 범죄는 비록 사이버 공간에서 발생하지만 이미 전통적으로 있던 전통범죄와 사이버 공간에서 새롭게 나타나고 있는 신종범죄로 나누고 있다. 예를 들어 사이버 명예훼손·사이버 성희롱·인터넷 사기 등은 전통범죄에 해당하며, 해킹·바이러스 유포 등은 신종범죄에 해당한다.

전통범죄는 전통적으로 존재하는 범죄에서 컴퓨터를 도구로 이용한다는 점에서 인터넷 이용 범죄에 해당하며, 신종범죄는 그 자체가 범죄대상이 되는 점에서 인터넷 대상 범죄로도 불린다. 그리고 범행 목적에 따라 「정보통신망 침해범죄」, 「정보통신망 이용범죄」, 「불법 콘텐츠 범죄」 등으로 분류하고 있다.

※ **정보통신망의 개념**(정보통신망이용촉진및접보보호등에관한법 제2조)
- 전기통신(유선·무선·광선 등) 설비를 이용하거나 전기통신 설비와 컴퓨터 및 컴퓨터의 이용 기술을 활용하여 정보를 수집·가공·저장·검색·송신·수신하는 정보통신체제
- 단, 정보통신망 중 전화(음성통화)를 이용한 경우, 사이버 범죄통계에서 제외

📦 정보통신망 침해범죄

정당한 접근 권한 없이 또는 허용된 접근 권한을 넘어 컴퓨터 또는 정보통신망(컴퓨터 시스템)에 침입하거나 시스템, 데이터 프로그램을 훼손·멸실·변경한 경우 및 정보통신망에 장애(성능 저하·사용 불능)를 발생하게 한 경우에 해당한다.

특징은 컴퓨터 및 네트워크 등 IT에 능하고 고도의 기술적 바탕이 요구된다. 컴퓨터 및 정보통신망 자체에 대한 공격행위를 수반하는 범죄이며 정보통신망을 매개로 하거나 그렇지 않은 경우도 포함하고 있다.

① **해킹:** 정당한 접근권한 없이 또는 허용된 권한을 초과하여 정보통신망에 침입하는 범죄
② **계정도용:** 정당한 접근권한 없이 또는 허용된 권한을 넘어 타인의 계정(아이디, 패스워드)을 임의로 사용하는 범죄
③ **자료 유출:** 정당한 접근권한 없이 또는 허용된 권한을 넘어 컴퓨터 또는 정보통신망에 침입한 후 데이터를 유출하는 범죄
④ **자료 훼손:** 정당한 접근권한 없이 또는 허용된 권한을 넘어 컴퓨터 또는 정보통신망에 침입한 후 타인의 정보를 훼손(삭제·변경 등)하는 범죄
⑤ **서비스 거부 공격(DDoS 등):** 정보통신망에 대량의 신호 또는 데이터를 보내거나 부정한 명령을 처리하도록 하여 정보통신망이 사용 불능 또는 성능 저하가 발생하도록 장애를 일으키는 범죄
⑥ **악성코드:** 정보통신 시스템, 데이터 또는 프로그램을 훼손·멸실·변경·위조하거나 정상적인 운용을 방해할 수 있는 프

로그램을 전달 또는 유포하는 범죄

⑦ **기타 정보통신망 침해형 범죄**: 정보통신망 침해형 범죄 중에서
이전 나열한 해킹, 서비스 거부 공격, 악성코드 등 3개 항목
에 분류되지 않거나 신종 수법으로 정보통신망을 침해하는
범죄

📦 정보통신망 이용범죄

정보통신망(컴퓨터 시스템)이 범죄의 본질적 구성요건에 해당하
는 행위로 범죄행위에 주요 수단이 되는 경우에 해당한다.
전통적인 범죄에 컴퓨터 시스템이 더해지는 경우이다.

① **인터넷 사기**: 정보통신망을 통하여 물품이나 기타 거래를 할
것처럼 기망하여 피해자로부터 금원을 편취하는 범죄
② **기타**: 직거래 사기, 쇼핑몰 사기, 게임사기, 기타 인터넷 사
기 등이 정보통신망 이용범죄에 해당
③ **전기통신금융 사기**: 정보통신망을 통하여 타인을 기망하거나
공갈하여 재산상의 이익을 취하는 범죄

피싱(Phishing): 개인정보(Private data)와 낚시(Fishing)의 합성어
• 금융기관을 가장한 이메일 발송하고,
• 이메일에 링크된 인터넷주소를 클릭하면 가짜 은행사이트로
접속,
• 보안카드 번호 전부 입력 요구 등의 방법으로 개인 금융정보
탈취,
• 피해자 계좌에서 범행계좌로 금원 이체

파밍(Pharming): 악성코드에 감염된 피해자 PC를 조작하여 금융 정보를 탈취하는 범죄
- 피해자 PC를 악성코드에 감염(이메일, 불법 소프트웨어, 동영상, 사진 파일 등)
- 피해자는 정상적인 금융기관 홈페이지에 접속하여도 피싱 사이트로 접속,
- 보안카드 번호 전부 입력 요구 등의 방법으로 금융정보 탈취,
- 피해자 계좌에서 범행계좌로 금원 이체

스미싱(Smishing): 문자메시지(SMS)와 피싱(Phishing)의 합성어
- 무료쿠폰 또는 청첩장, 초대장 등 문자메시지에 인터넷 링크를 전송,
- 피해자가 링크에 접속하면 악성코드가 스마트폰에 설치,
- 피해자 몰래 소액결제 또는 개인정보, 금융정보 탈취

메모리 해킹: 피해자 PC 메모리에 상주한 악성코드로 인하여 정상 은행사이트에서 보안카드 번호 앞뒤 2자리만 입력해도 부당 인출되는 수법
- 피해자 PC를 악성코드에 감염(이메일, 불법 소프트웨어, 동영상, 사진 파일 등)
- 정상적인 인터넷 뱅킹 절차(보안 카드 앞뒤 2자리) 실행 후 이체 클릭,
- 오류 반복 발생(이체정보 미전송)
- 일정 시간 경과 후 범죄자가 같은 보안카드 번호 입력, 범행계좌로 이체

◈ 불법 콘텐츠 범죄

정보통신망(컴퓨터 시스템)을 통하여 법률에서 금지하는 재화·서비스 또는 정보를 배포·판매·임대·전시하는 경우이며 정보통신망을 통하여 유통되는 '콘텐츠' 자체가 불법적인 경우(「정보통신망 이용촉진 및 정보보호 등에 관한 법률」 제44조의7)에 해당한다.

① **사이버 음란물**: 정보통신망을 통하여 음란한 부호, 문언, 음향, 화상 또는 영상을 배포·판매·임대하거나 공공연하게 전시하는 행위

  − 일반음란물: 정보통신망을 통하여 일반 보통인의 성욕을 자극하여 성적 흥분을 유발하고 정상적인 성적 수치심을 해하여 성적 도의 관념에 반하는 내용의 표현물을 배포·판매·임대·전시하는 경우

  − 아동음란물: 정보통신망을 통하여 아동, 청소년 또는 아동·청소년으로 명백하게 인식될 수 있는 사람이나 표현물이 등장하여 성교 행위, 유사 성교 행위, 일반인의 성적 수치심이나 혐오감을 일으키는 행위, 자위행위를 하거나 그 밖의 성적 행위를 하는 내용의 표현물을 배포·판매·임대·전시하는 경우(「아동·청소년의 성보호에 관한 법률」)

② **사이버 도박**: 정보통신망을 통하여 도박 사이트를 개설하거나 도박행위(또는 사행 행위)를 하는 행위

  − 스포츠토토: 정보통신망을 통하여 체육진흥투표권이나 이와 비슷한 것을 발생하는 시스템을 이용하여 도박을 하게 하는 경우

  − 경마, 경륜, 경정: 정보통신망을 통하여 경마, 경륜, 경정 등의 경주를 이용하여 도박을 하게 하는 경우

- 기타 인터넷 도박: 정보통신망을 통하여 위와 같은 방법 이외의 방법으로 영리의 목적으로 도박 사이트를 개설하고 도박을 하게 하는 경우

③ **사이버 명예훼손·모욕**
- 사이버 명예훼손: 정보통신망을 통하여 다른 사람의 명예를 훼손하는 경우
- 모욕: 정보통신망을 통하여 공연히 사람을 모욕한 경우

④ **사이버 스토킹**: 정보통신망을 통하여 공포심이나 불안감을 유발하는 부호, 문언, 음향, 화상 또는 영상을 반복적으로 상대방에게 도달하도록 하는 경우

⑤ **기타 불법 콘텐츠 범죄**: 정보통신망을 통하여 법률에서 금지하는 재화·서비스 또는 정보를 배포·판매·임대·전시하여 성립하는 범죄 중 위 4개 항목에 해당하지 경우

기타 불법 콘텐츠 범죄의 예

청소년 유해 매체물 미표시. 영리 목적 제공, 청소년 유해 매체물 광고, 공개전시 (「정보통신망 이용촉진 및 정보보호 등에 관한 법률」 제73조 제2호, 제3호)
- 정보통신망(컴퓨터 시스템)을 통하여 유통되는 매체물 중에서, 청소년 유해 매체물 미표시. 영리 목적 제공 또는 광고·공개 전시하는 경우
  * 허위주민등록번호 생성, 이익을 위해 사용 (「주민등록법」 제37조 제1호)
- 정보통신망(컴퓨터 시스템)을 통하여, 거짓의 주민등록번호를 만들어 자기 또는 다른 사람의 재물이나 재산상 이익을 위하여 사용한 경우
  * 허위주민등록번호 생성 프로그램 타인 전달·유포 (「주민등록법」 제37조 제4호)
- 정보통신망(컴퓨터 시스템)을 통하여, 거짓의 주민등록번호를 만드는 프로그램을 다른 사람에게 전달하거나 유포

불법 콘텐츠 범죄의 개념 관련 참고 자료

- 대분류 제목(불법 콘텐츠)은, 정통망법 제44조의7에서 사용한 용어(불법 정보) 활용
  - 기본: 정통망법상 불법 정보 유통에 대한 벌칙규정이 있는 범죄는 사이버 범죄로 포함
  - 추가: 사이버 도박 등은 심각한 사회적 문제시되는 현실을 감안, 정책적 고려에 따라 사이버 범죄로 추가
- 「정보통신망 이용촉진 및 정보보호 등에 관한 법률」 제44조의7(불법 정보의 유통금지 등) 제1항
  - 제44조의7 제1항 제1호 사이버 음란물 ⇒ 벌칙조항 제74조 제1항 제2호
  - 제44조의7 제1항 제2호 사이버 명예훼손 ⇒ 벌칙조항 제70조 제1항, 제2항
  - 제44조의7 제1항 제3호 사이버 스토킹 ⇒ 벌칙조항 제74조 제1항 제3호
  - 제44조의7 제1항 제5호 청소년 유해 매체물 ⇒ 정통망법에 처벌조항 없음
    (「청소년 보호법」에 처벌조항)
  - 제44조의7 제1항 제6호 사이버 도박 ⇒ 정통망법에 처벌조항 없음
    (「형법」, 여러 특별법에 처벌조항)
- EU 사이버 범죄 협약의 사이버 범죄 유형 중, Content-realted offences 항목에 '아동 성 착취물' 포함
- UNODC의 보고서 중, Content-realted acts 항목에 "hate speech, 아동 성 착취물 등"이 포함

(출처: 경찰청 자료)

2. 사이버 범죄 관련 법률

사이버 범죄에 대응하는 대표적인 법은 「정보통신망 이용촉진 및 정보보호 등에 관한 법률」이 있다.

법에서 정의하는 "정보통신망"이란 「전기통신사업법」 제2조 제

2호에 따른 전기통신설비를 이용하거나 전기통신설비와 컴퓨터 및 컴퓨터의 이용기술을 활용하여 정보를 수집·가공·저장·검색·송신 또는 수신하는 정보통신체제를 뜻한다. 이는 컴퓨터 네트워크뿐만 아니라 전화, 무전 등 통신 설비가 이루어진 모든 망을 포함하기 때문에 컴퓨터 이용범죄만을 한정하지는 않는다.

또한 「정보통신기반 보호법」, 「형법」, 「전자서명법」, 「전기통신 기본법」, 「전기통신사업법」, 「성폭력범죄의 처벌 등에 관한 특례법」, 「통신비밀보호법」, 「전파법」, 「사행행위 등 규제 및 처벌 특례법」, 「신용정보의 이용 및 보호에 관한 법률」, 「청소년 보호법」, 「저작권법」, 「위치정보의 보호 및 이용 등에 관한 법률」, 「주민등록법」, 「게임 산업 진행에 관한 법률」 등이 사이버 범죄에 대응하고 있다.

🔷 정보통신망 침해범죄

범죄행위	적용법조
정보통신망 침입	「정보통신망 이용촉진 및 정보보호 등에 관한 법률」 제71조 제1항 제9호
악성 프로그램 전달·유포	「정보통신망 이용촉진 및 정보보호 등에 관한 법률」 제70조의2
서비스 거부 공격	「정보통신망 이용촉진 및 정보보호 등에 관한 법률」 제71조 제10호
타인의 정보 훼손·비밀침해	「정보통신망 이용촉진 및 정보보호 등에 관한 법률」 제71조 제11호
침입, 데이터 조작·파괴·은닉·유출, 데이터 파괴 목적 악성코드 유포, 서비스 거부 공격 등	「정보통신기반 보호법」 제28조 제1항

⬡ 정보통신망 이용범죄

범죄행위	적용법조
사기	「형법」 제347조
컴퓨터등사용사기	「형법」 제347조의2
준사기	「형법」 제348조
상습사기	「형법」 제351조
사기미수	「형법」 제352조
사기 범행으로 5억 원 이상 재물, 재산 이익 가중처벌	「특정경제범죄가중처벌 등에 관한 법률」 제3조
악성 프로그램 전달·유포	「정보통신망 이용촉진 및 정보보호 등에 관한 법률」 제70조의2
정보통신망 침입	「정보통신망 이용촉진 및 정보보호 등에 관한 법률」 제71조 제1항 제9호
사이버 금융사기 목적으로 타인의 정보를 입력하거나 취득한 타인의 정보를 입력하는 행위	「전기통신금융사기 피해 방지 및 피해금 환급에 관한 특별법」 제15조의2

⬡ 불법 콘텐츠 범죄

범죄행위	적용법조
음란정보 배포·판매·임대·공연전시	「정보통신망 이용촉진 및 정보보호 등에 관한 법률」 제74조 제1항 제2호
아동·청소년이용음란물의제작·수입·수출(미수처벌)	「아동·청소년의 성보호에 관한 법률」 제11조 제1항
영리 목적 아동·청소년이용 음란물 판매·대여·배포·제공·소지·운반·공연전시·상영	「아동·청소년의 성보호에 관한 법률」 제11조 제2항

아동·청소년이용 음란물 배포·제공·공연전시·상영	「아동·청소년의 성보호에 관한 법률」 제11조 제3항
아동·청소년이용 음란물 제작·알선	「아동·청소년의 성보호에 관한 법률」 제11조 제4항
아동·청소년이용 음란물 알면서 소지	「아동·청소년의 성보호에 관한 법률」 제11조 제5항
아동·청소년이용 음란물 제작 관련 아동·청소년 매매·국내외이송(미수처벌)	「아동·청소년의 성보호에 관한 법률」 제12조 제1항
아동·청소년이용 음란물을 발견하기 위한 조치 또는 발견 후 삭제·전송방지·중단 조치를 하지 않은 온라인 서비스제공자	「아동·청소년의 성보호에 관한 법률」 제17조 제1항
침입, 데이터 조작·파괴·은닉·유출, 데이터 파괴 목적 악성코드 유포, 서비스 거부 공격 등	「정보통신기반 보호법」 제28조 제1항
비방할 목적으로 정보통신망을 통하여 사실을 드러내어 타인의 명예를 훼손	「정보통신망 이용촉진 및 정보보호 등에 관한 법률」 제70조 제1항
비방할 목적으로 정보통신망을 통하여 거짓의 사실을 드러내어 타인의 명예를 훼손	「정보통신망 이용촉진 및 정보보호 등에 관한 법률」 제70조 제2항
사실 적시 명예훼손	「형법」 제307조 제1항
허위사실 적시 명예훼손	「형법」 제307조 제2항
허위사실 적시 사자 명예훼손	「형법」 제308조
신문, 잡지, 라디오 기타 출판물에 의하여 사실 적시 명예훼손	「형법」 제309조 제1항
신문, 잡지, 라디오 기타 출판물에 의하여 허위사실 적시 명예훼손	「형법」 제309조 제2항
공연히 사람을 모욕하는 행위	「형법」 제311조

3. 사이버 범죄의 구분

일반적으로 사이버 범죄를 구분할 때 범행의 목적에 따라 분류하고 있으며 경찰청은 2013년까지「사이버 테러형 범죄」와「일반 사이버 범죄」로 분류했으나 증가하는 범죄에 대한 분류를 세분화하여 대처하기 위하여 2014년 6월부터 '사이버테러대응센터'에서 '사이버안전국'으로 조직을 확대·개편하면서 범죄를 유형별로 나누어「정보통신망 침해범죄」,「정보통신망 이용범죄」,「불법 콘텐츠 범죄」로 분류하고 있으며 UN 마약범죄 사무국(UNODC)이 2013년 발표한 "Comprehensive Study on Cybercrime"의 분류 모델에서도「컴퓨터 시스템이나 내부의 자료에 대하여 기밀성, 무결성, 가용성을 침해한 행위」,「컴퓨터를 사용하여 개인적 또는 금전적 이득을 부당하게 취하였거나 타인에게 피해를 준 행위」,「부적절한 컴퓨터 콘텐츠 이용」이라고 분류하고 있다.

가. 정보통신망 침해범죄

컴퓨터 및 네트워크 자체에 대한 공격행위 또는 이러한 장비를 이용하는 범죄로 정당한 접근 권한 없이 또는 허용된 접근 권한을 넘어 컴퓨터 또는 컴퓨터 시스템에 침입하거나 시스템, 데이터 프로그램을 훼손, 멸실, 변경한 경우 및 정보통신망(컴퓨터 시스템)에 장애(성능 저하, 사용 불능)를 발생하게 하는 상황에 해당하며 일정한 수준의 지식과 기술이 필요하다.

1) 컴퓨터 시스템에 대한 허가되지 않은 불법 접근

관리자의 허가를 받지 않고 컴퓨터 시스템에 불법 접근하는 것을 통상적으로 해킹(Hacking)이라 표현한다. 해킹에 대한 사전적 정의는 "해킹은 전자회로나 컴퓨터의 하드웨어, 소프트웨어, 네트워크, 웹 사이트 등 각종 정보 체계가 본래의 설계자나 관리자, 운영자가 의도하지 않은 동작을 일으키도록 하거나 체계 내에서 주어진 권한 이상으로 정보를 열람, 복제, 변경할 수 있게 하는 행위를 광범위하게 이르는 말이다."라고 한다. 해킹과 함께 구별해야 하는 또 다른 용어는 크래킹(Cracking)인데 "해킹이 다른 사람의 컴퓨터 시스템이나 통신망에 정당한 접근 권한 없이 접근하거나 허용된 접근 권한의 범위를 초과하여 침입하는 행위 자체를 의미한다면, 크래킹은 그러한 불법적 접근을 통해 다른 사람의 컴퓨터 시스템이나 통신망을 파괴하는 행위를 일컫는다."라고 정의하고 있다.

하지만, 우리나라의 「정보통신망 이용촉진 및 정보보호 등에 관한 법률」에서는 해킹과 크래킹에 대한 구분은 두지 않고 있으며 관리자의 허가 없이 불법 접근된 행위 전체를 위법 행위로 두고 있으며 2002년에 제정된 해당 법률은 해킹, 컴퓨터 바이러스, 논리 폭탄, 메일 폭탄, 서비스 거부 또는 고출력 전자기파 등에 의하여 정보통신망 또는 이와 관련된 정보시스템을 공격하는 행위로 인하여 발생한 사태를 '침해사고'로 정의하고 있다.

가) 해킹과 계정도용의 기술적 구별

해킹은 컴퓨터 또는 네트워크망의 방화벽, 침입 탐지시스템을 우회하거나 무력화한 다음 권한 없이 접근하여 어떤 자원(resource)을 사용할 수 있도록 하는 행위를 뜻한다.

먼저 해킹을 하기 위해서는 해당 운영체제와 구축된 서버 프로그램의 종류, 버전, 취약점 등에 대해서 자세히 알고 있어야 하며 통신규약인 TCP/IP, 네트워크 장비 등에 대한 지식이 필요하다.

이에 반하여 계정도용이란 사용자의 아이디와 패스워드를 기타의 방법으로 탈취하여 정당한 권한의 사용자가 아닌 제3자가 권한 없이 접속하는 경우이지만 실무에서는 "「정보통신망 이용촉진 및 정보보호 등에 관한 법률」 제48조(정보통신망 침해행위 등의 금지) ① 누구든지 정당한 접근 권한 없이 또는 허용된 접근 권한을 초과하여 정보통신망에 침입하여서는 아니 된다."라는 규정에 따라 해킹과 계정도용에 대해서 같은 처벌을 하고 있다.

하지만, 해킹이 접근제어(Access Control) 정책을 회피하거나 무력화하여 시스템에 침입하는 것이라면, 계정도용은 '로그인'이라는 과정의 인증 절차(Authentication)에 대한 위반 행위이므로 사실 두 개의 행위는 차이는 크다.

나) 실무상 구별

실무에서 해킹에 대하여 세분화하여 분류하고 있다.

① **계정도용**: 정당한 접근 권한 없이 또는 허용된 접근 권한을 넘어 타인의 계정(ID, Password)을 임의로 이용한 행위,

② **단순 침입**: 정당한 접근 권한 없이 또는 허용된 접근 권한을 넘어 컴퓨터 또는 정보통신망에 침입한 행위,

③ **자료 유출**: 정당한 접근 권한 없이 또는 허용된 접근 권한을 넘어 컴퓨터 또는 정보통신망에 침입 후 데이터를 유출·누설한 행위,

④ **자료 훼손**: 정당한 접근 권한 없이 또는 허용된 접근 권한을 넘어 컴퓨터 또는 정보통신망에 침입 후, 타인의 정보를 훼손(삭제, 변경 등)한 경우(홈페이지 변조 포함)를 뜻한다.

2) 컴퓨터에 부정하게 접근하여 데이터를 획득

접근제어란 정보 보안 정책에 따라 사용자, 프로그램, 프로세스, 시스템 등을 허가된 주체만이 정보시스템 자원에 접근할 수 있도록 제한하는 것을 말하며 가령 인터넷 사이트를 운영하는 자는 사이트의 모든 권한을 가지고 회원의 정보를 관리하며 회원을 가입시킬 수도 있고, 탈퇴시키거나, 판매할 물품을 광고하기 위하여 게시하며 판매 가격을 조정하여 세일 가격으로 변경할 수 있는 전체적인 권한을 가지지만 무료회원은 물건을 검색하거나 한정된 콘텐츠만 이용할 수 있다. 유료회원은 무료회원보다 더 많은 서비스를 받을 수 있는 권한을 가진다.

이처럼 일정한 권한을 부여하기 위하여 회원의 명단(Access Control List)을 만들어 가입 여부와 유료·무료 가입자로 구분하고 유료 가입자에게 서비스 이용 권한을 부여하는 등 일정한 권한을 주는 것을 '권한 부여(Authorization)'라 한다.

사용자가 정당한 권한을 부여받은 것인지 확인하는 것을 '인증 절차(Authentication)'라 하며 사용자가 부여받은 권한을 초과하거나 일탈하여 활동하는 것을 감시하고 이를 관리자에게 보고서로 만들어 보고하고 차단 등 조처하는 것을 '감시 절차(Audit)'라고 한다.

3) 컴퓨터 시스템이나 데이터에 부정 개입

컴퓨터의 시스템이나 데이터에 침해를 가하는 대표적인 사례가 서비스 거부 공격, 즉 DoS 공격(Denial of Service Attack)이다. 특정 서버(Server)를 악의적으로 공격하여 시스템 자원을 고갈시켜 원래 의도된 용도로 사용하지 못하게 하는 공격 방식을 뜻한다.

특정 서버에 대량의 데이터 패킷 또는 처리할 수 없는 양의 이메일을 보내는 식으로 서버의 기능을 처리 불능 상태로 만들어 다운

시키는 방식이다.

　서비스 거부 공격과 해킹의 차이점을 살펴보면, 피해 컴퓨터나 네트워크에 침입하지 않고 다른 매체를 도구화하여 이용한다는 점이다. 도구화되는 PC를 '좀비 PC' 또는 '봇넷'이라고 부른다. 2002년 10월 22일과 2007년 2월 6일 발생한 DNS 루트 서버에 대한 DNS 백본 D-DoS 공격은 인터넷 URL 주소체계를 무력화하여 인터넷 전체에 대한 공격이 대표적인 예이다.

　피해 대상은 개인 홈페이지, 정부 기관 홈페이지, 은행, 인터넷 서비스 제공업체(ISP) 등 대상을 가리지 않으며 어떤 대상이든 가능하다.

　인터넷의 원조 모델인 ARPANet, NSFNet 등은 제한된 사용자가 이용하였던 탓에 폐쇄적인 구조의 형식을 띠고 있어 DoS 공격을 고려하지 않았으나 현재 모든 인터넷 기반은 불특정 사용자에게 접속을 허용하고 있어 DoS 공격에 취약성이 있다.

　이러한 공격을 방어하기 위한 방화벽(Firewall), 침입 방지시스템(IPS: Intrusion Prevention System) 등 장비가 있으나 비용이 많이 들기 때문에 다수의 영세한 인터넷 쇼핑몰 사이트와 개인 홈페이지 운용자는 방어에 한계가 있다. 이를 악용하여 공격자는 인터넷 쇼핑몰에 DoS 공격을 감행하여 다운 등 서비스 정지 상태에 이르게 한 다음 큰돈을 요구하는 범행을 저지르고 있다.

　'분산 서비스 거부 공격'(Distributed Denial of Service Attack, D-DoS Attack)은 여러 대의 공격자를 분산 배치하여 동시에 '서비스 거부 공격'함으로써 시스템이 정상 서비스할 수 없도록 만드는 것인데 DoS 공격의 전형적인 기법이다. 공격자가 미리 불특정 다수의 컴퓨터를 자신의 지시에 따르도록 '좀비(Zombie)' 악성코드를 심어 감염시킨 후 동시에 하나의 시스템을 공격하는 방식이다.

　좀비 PC를 만드는 방법은 P2P 사이트, 파일 공유 사이트, 개인

간 채팅, 이메일 등을 통하여 악성코드를 유포하며, 악성코드에 감염된 상대방은 자신의 컴퓨터가 해킹의 숙주로 감염된 사실조차 모르고 공격의 매체가 되는 것이다.

4) 불법적인 프로그램

가) 악성코드(Malicious Code)

불법적인 컴퓨터 프로그램을 제작하고 이를 악의적으로 유포시키는 행위의 대표적인 사례는 악성코드 유포이다.

제작자는 의도적으로 사용자에게 피해를 주기 위한 목적으로 만든 프로그램 및 매크로, 스크립트 등 컴퓨터상에서 작동하는 모든 실행 가능한 형태를 말하며 악성 프로그램(Malicious Program) 또는 악성코드(Mal-Ware)라고도 부르고 있다.

컴퓨터 바이러스의 개념은 1972년 데이비드 제럴드(David Jerrold)의 공상과학 소설 "할리가 하나였을 때(When Harlie was One)"에서 '다른 컴퓨터에 계속 자신을 복제한 후 감염된 컴퓨터의 운영체제에 영향을 미쳐 점차 시스템을 마비시키는 장치를 한 과학자가 제작해 배포한다'라는 내용에서 최초 사용이 되었으며 이후 1984년에 프레드 코헨(Fred Cohen)은 "We define a computer 'virus' as a program can 'infect' other programs by modifying them to include a possibly evolved copy of itself."(컴퓨터 바이러스란 자기 자신을 복제하여 대상 프로그램에 포함하는 것을 통해 대상 프로그램을 감염시키는 프로그램)라고 정립하였다.

악성코드는 바이러스, 웜, 트로이 목마 등이 있다.

(1) 바이러스(Virus)

컴퓨터 바이러스의 사전적 의미는 '컴퓨터 프로그램이나 실행 가능한 부분을 변형하여, 그곳에 자기 자신 또는 자신의 변형을 복사하여 컴퓨터 작동에 피해를 주는 명령어들의 조합'이다. 컴퓨터 바이러스는 감염된 디스크로 컴퓨터를 기동하거나 특정 프로그램을 실행시킬 때 활동하며 자료를 파괴하거나 컴퓨터 작동을 방해하고 자신을 복제하여 다른 컴퓨터를 감염시키는 특징으로 생물학적 바이러스와 유사한 행위를 하므로 바이러스라는 용어를 사용한다.

하지만, 바이러스 역시 악의적으로 만들어진 일반 프로그램과 같은 프로그램의 한 종류이다.

컴퓨터 바이러스의 시초를 살펴보면 누군가가 자신의 능력을 과시하기 위해서 만들었다는 설과 소프트웨어 유통 경로를 알아보기 위해서 만들었다는 설, 경쟁자와 경쟁사에 피해를 주기 위하여 만들었다는 등 여러 설이 있으나 보통 1986년 파키스탄의 프로그래머 알비 형제가 자신들의 소프트웨어가 불법으로 복제되어 유통되는 것에 불만을 느껴 만든 브레인 바이러스(Brain Virus)를 최초라고 보는 경우가 많다.

바이러스 감염의 가장 일반적인 경로는 웹하드, 이메일, P2P 통신을 통한 불법 복제물, 불법 소프트웨어 복제 설치 및 공용 컴퓨터 사용 등을 통해서이다. 악성코드가 설치된 소프트웨어를 사용하거나 여러 사람이 공동으로 사용하는 컴퓨터에 외장형 저장장치를 사용하고 자신의 컴퓨터나 다른 컴퓨터에 사용할 경우 감염된다. 최근에는 인터넷의 사용이 증가하면서 불법 자료공유, 웹하드 접속 등을 통해 바이러스가 급속도로 퍼지기도 한다.

컴퓨터 바이러스는 그 영향 정도에 따라 양성 및 악성 바이러스, 감염 부위에 따라 부트(Boot) 및 파일(File) 바이러스로 구분한다.

부트 바이러스는 컴퓨터가 기동할 때 제일 먼저 읽게 되는 디스크의 특정 장소에 감염되어 있다가 컴퓨터 기동 시에 활동을 시작하는 종류이며, 파일 바이러스는 숙주 프로그램에 감염되어 있다가 숙주 프로그램이 실행될 때 활동하는 바이러스를 뜻한다. 바이러스는 종류에 따라 활동방식도 다른데 감염 즉시 활동하는 것, 일정 잠복 기간이 지난 후에 활동하는 것, 특정 기간이나 특정한 날에만 활동하는 것 등이 있다.

감염 부위에 따른 분류 감염 부위란 바이러스 프로그램이 위치하는 영역을 말하는 것으로 크게 4가지로 구분할 수 있다.[1]

(가) 부트 바이러스(Boot virus)

컴퓨터가 처음 가동되면 하드디스크의 가장 처음 부분인 부트 섹터에서 부팅되는 과정을 진행하기 위하여 '부트 로더'라는 부팅 전문프로그램이 실행되는데 이곳에 자리 잡은 컴퓨터 바이러스를 부트 바이러스라고 한다. 대표적으로 'Brain'과 지금까지도 큰 피해를 주고 있는 'Monkey' 및 감염 빈도가 높은 Anti-CMOS 등이 있다.

(나) 파일 바이러스(File virus)

파일 바이러스란 실행 가능한 프로그램에 감염되는 바이러스를 뜻한다. 감염되는 대상은 확장자가 'exe, com'인 실행 파일이 대부분이다. 국내에서 발견된 바이러스의 80% 정도가 파일 바이러스에 속할 정도로 파일 바이러스는 가장 일반적인 바이러스 유형이다.

국내에서는 '예루살렘(Jerusalem)'과 'Sunday'을 시작으로, 1997년과 1998년 적지 않은 피해를 주어 잘 알려진 'Scorpion', 'Crow' 그리고 바이러스 내부에 나타나는 'FCL(Frog man Cracker cLub)'이 있다. 특히, FCL은 개발경로가 밝혀지지 않은 이 바이러스는 확장자가 'exe, com'인 실행 파일을 감염시킨다. 감염된 파일을 실행하면 컴

---

[1] 참고, https://www.ahnlab.com/kr/site/securityinfo/secunews/secuNewsView.do?seq=4489

퓨터 시스템의 동작이 멈추는 증상이 나타나는데, 특히 이 바이러스는 컴퓨터 메모리에 상주하면서 도스 상태에서 'COPY', 'TYPE' 명령어를 입력하면 해당 파일을 감염시키고 이 파일은 복구 불가능하다. 아시아 지역에 큰 피해를 주었던 'Win95/CIH'도 이에 포함된다.

(다) 부트/파일 바이러스(Multipartite virus)

부트 섹터와 파일에 모두 감염되는 바이러스로 대부분 크기가 크고 피해 정도가 크다.

국내에서 발견된 바이러스는 1990년 처음 발견된 '침입자(Invader)'가 대표적이며 외국보다 빠른 대처로 인하여 이름에 혼란을 주었던 '안락사(Euthanasia)'가 있다. 국내 제작 바이러스로는 1998년에 발견된 '에볼라(Ebola)'가 대표적이다.

(라) 매크로 바이러스(Macro virus)

새로운 파일 바이러스의 일종으로, 감염 대상이 실행 파일이 아니라 마이크로소프트사의 엑셀과 워드 프로그램에서 사용하는 문서 파일이다. 또한, 응용프로그램에서 사용하는 매크로 사용을 통해 감염되는 형태로 매크로를 사용하는 문서를 읽을 때 감염된다는 점이 이전 바이러스들과 다르다.

대표적인 예로 감염 비율이 매우 높았던 라룩스(XM/Laroux)를 들 수 있다.

(2) 웜(Worm)

웜은 '벌레'라는 뜻인데 네트워크를 통하여 컴퓨터와 컴퓨터로 전파되는 프로그램을 의미하다. 웜은 다른 컴퓨터의 취약점을 찾아 스스로 전파하는 탓에 컴퓨터 내 파일을 감염시키는 바이러스와 구별된다.

인터넷 통신의 발달과 함께 웜은 발전하였으며 초기 이메일 주소를 수집하고 스스로 전달하는 형태에서 운영체제나 프로그램의 취약점을 찾아 스스로 침투하는 형태로 발전하였다.

최근 웹하드 사이트, P2P 공유사이트, 채팅 프로그램, 이메일 스크립트 기능, 네트워크 공유 기능의 허점을 이용하여 확산하고 있다. 특히 문제 되는 것은 웜의 기능에 바이러스 기능을 가진 변종 형태의 웜도 존재하고 있다.

(가) MASS Mailer형 웜

MASS Mailer형 웜은 자기 자신을 포함하여 대량 메일을 발송하는 형태의 웜이다. 해당 메일을 받은 수신자는 의심 없이 메일을 열었을 때 감염이 되는데, 만약 치료하지 않으면 시스템에 남아 내부 메일 주소를 수집해서 계속해서 메일을 보내게 되는 것이다.

(나) 시스템 공격형 웜

시스템 공격형 웜은 운영체제의 취약점을 간파하여 내부 정보를 삭제하거나 특정 파일을 삭제하여 컴퓨터를 사용할 수 없게 만들고 시스템에 백도어(Back door)를 설치하여 외부에서 쉽게 공격할 수 있도록 한다.

(다) 네트워크 공격형 웜

네트워크나 시스템에 'Syn flooding', 'Smurf'와 같은 DoS 공격을 수행한다. 역시 시스템의 취약점을 이용하여 공격하고 확산시키는 형태이다. 최근 큰 피해가 발생하는 DDoS 공격의 '좀비 PC'와 같은 형태로 발전하고 있다.

(3) 트로이 목마(Trojan Horse)

트로이 목마라는 이름과 같이 정상적인 프로그램으로 위장하여 램에 상주하며 백도어라는 시스템 인증을 거치지 않고 출입할 수 있는 통로를 찾아 시스템 내부 정보를 공격자에게 보낸다.

바이러스와의 차이점은 직접적인 전파의 능력이 없으며 메일 수신, P2P 통신 등을 통하여 전파된다. 최근 백도어와 트로이 목마를 통칭 '백도어'라고 부르고 있다.

(4) APT Attack

APT는 'Advanced Persistent Threat'의 머릿글자이며 '지능형 지속 위협' 공격을 뜻한다.

APT 공격은 과거 사이버 공격의 패턴인 '불특정 다수'를 노렸던 방식과 달리 '특정 대상'을 정해서 성공할 때까지 멈추지 않고 계속 공격한다는 것이 특징이다.

근래 국내에서 발생한 은행권, 온라인 쇼핑몰 등의 개인정보 유출 사건 대부분이 APT 공격 때문에 이루어졌다고 하며, 2016년 '워너크라이' 랜섬웨어 사건 역시 APT 공격의 형태를 띠고 있다고 한다.

공격의 방식은 서버를 해킹해 대량으로 악성코드를 유포하는 고전 방식이 아닌 특정 기업을 공격 대상으로 삼고 의사결정권을 가진 특정인의 PC 권한을 탈취해 악성코드를 배포하는 형태로 진화하였다.

APT 공격은 보통 4단계로 구분하는데 공격 대상에 대한 정보를 파악한 다음 취약점을 찾아내 '침투'하고, 내부 시스템의 정보를 '검색'하여, PC·서버 제어권 등을 획득하여 무력화된 시스템상의 데이터를 '수집'한 후, 공격자에게 수집한 데이터를 전송해 '유출'하는 방식이다.

과거 사례와 같이 APT 공격으로 입은 피해는 아주 심각하다.

2017년 국감 자료를 살펴보면, 한국수력원자력을 포함한 국내 17개 국가 핵심 기반시설은 2월부터 7월까지 무려 1,000만 건의 APT 공격 시도가 있었다고 한다.

APT 장비를 도입한 17개 기관은 한수원, 가스안전공사, KOTRA, 산업기술시험원, 강원랜드, 남부발전, 남동발전, 서부발전, 중부발전, 전력거래소, 한전기술, 한전KPS, 가스공사, 석유공사, 지역난방공사, 전기안전공사, 광해관리공단이다.

또한, 산업부가 제출한 산하 41개 공공기관 연도별 IPS, IDS 탐지 내역을 보면 2015년 2,143건, 2016년 2,610건으로 계속 증가하는 것으로 나타났으며 실제 한국수력원자력(한수원) 등 국가 기간시설의 경우 국력에 엄청난 피해를 주었다.

APT 공격은 이메일을 통해 침투하는 경우가 많아 출처가 명확하지 않은 메일은 읽지 않고 보안 담당에게 전달하거나 삭제해야 한다. 운영체제와 보안시스템은 주기적으로 업데이트하여 최신 버전으로 유지하고, 백신 프로그램 역시 최신으로 업데이트하면서 일정한 주기를 정해 검사해야 한다.

(5) 랜섬웨어(Ransomware)

인질의 몸값을 뜻하는 Ransom과 제품을 뜻하는 Ware의 합성어이며, 사용자 동의 없이 컴퓨터에 무단으로 설치해서 사용자 파일을 모두 암호화하여 사용 불능으로 만든 후 금전을 요구하는 악성 프로그램을 뜻한다.

랜섬웨어는 Windows 시스템과 mac OS 심지어 모바일 시스템까지 현존하는 거의 모든 운영체제에서 활동한다.

대표적으로 2017년 5월에 갑자기 등장한 워너크라이(WannCry) 랜섬웨어가 전 세계에 피해를 줘 화제가 되었다. 모든 랜섬웨어가 인터넷 접속만으로 감염되는 것은 아니지만, 워너크라이는 웜의 특성을 이용하여 전파력을 높였다.

보통의 악성코드는 컴퓨터의 소프트웨어/하드웨어를 망가뜨리고 내부 데이터를 유출하거나 파손하는 수준이었으나 랜섬웨어는 사용자에게 협박하여 돈을 강탈하는 인질 강도에 가깝다.

(6) 애드웨어(Adware)

애드웨어는 처음 사용자가 유료의 프로그램을 사용하는 조건으로 광고를 보는 것에서 시작되었으나 프리웨어인 것처럼 마케팅하고 사용자 동의 없이 몰래 애드웨어를 설치하여 광고를 띄우며 디바이스의 속도 저하 등의 피해를 준다.

(7) 기타 정보통신망 침해형 범죄

정보통신망 침해형 범죄 중 위 항목에 해당하지 않는 신종 수법으로 정보통신망에 침해하는 범죄를 뜻한다.

나. 정보통신망 이용범죄

정보통신망(컴퓨터 시스템)에 직접적 침해행위를 가하지 않고 단지 컴퓨터를 사용하여 개인적 또는 금전적 이득을 부당하게 취하거나 타인에게 피해를 주는 범죄로 기존 형법 등에 해당하는 범죄이다.

1) 인터넷 사기

실무적인 측면에서 사이버 수사 대부분은 인터넷 사기 사건에 집중하고 있다. 형법에서 사기란 "사람을 기망하여 재물의 교부를 받거나 재산상의 이익을 취득한" 행위(형법 제347조)를 뜻한다. 즉, 사기죄가 성립되기 위해서는 사람을 '기망'의 행위가 반드시 있어야

한다. 기망행위란 피해자가 착오에 빠져 재산처분 행위를 해서 재산
상의 손해가 발생하고 가해자는 재산상의 이익을 취하는 구조를 갖
는 것이다. 따라서 인터넷 사기란 인터넷이라는 정보통신망을 이용
하여 피해자들에게 물품이나 서비스를 제공할 것처럼 속여 재산상의
이득을 취하는 사기 행위의 한 유형이라 볼 수 있다.

- (가) **직거래 사기**: 정보통신망을 통하여 물품 거래 등에 관한 허
  위의 의사표시를 게재하여 대금을 속여 뺏는 범죄
- (나) **쇼핑몰 사기**: 허위의 인터넷 쇼핑몰 등을 개설하여 대금을
  속여 뺏는 범죄
- (다) **게임사기**: 게임 캐릭터 및 아이템 등 인터넷 게임과 관련하
  여 대금을 속여 뺏는 범죄
- (라) **기타 인터넷 사기**: 직거래, 쇼핑몰, 게임사기에 해당하지 않
  고 정보통신망을 통하여 기망행위를 하여 재산적 이익을
  속여 뺏은 범죄를 뜻한다.

출처: 구글 검색

2) 사이버 금융 범죄

정보통신망을 이용하여 피해자의 계좌에서 자금을 이체받거나 소액결제가 되도록 하는 범죄로 자금을 송금·이체하도록 하는 행위, 개인정보를 알아내어 자금을 송금·이체하도록 하는 행위가 해당한다.

가) 피싱(Phishing)

개인정보(Private data)와 낚시(Fishing)의 합성어로 금융기관 등으로 가장한 이메일을 수신한 피해자가 이메일에서 안내하는 인터넷 주소에 클릭하면 가짜 은행사이트에 접속이 되도록 유도하고 이후 보안카드 번호 전부를 입력 요구하는 방법으로 금융정보 탈취 후 피해자 계좌에서 범행계좌로 이체하게 하는 행위이다.

나) 파밍(Pharming)

악성코드에 감염된 피해자 PC를 조작하여 금융정보를 탈취하는 행위인데 피해자 PC에 악성코드를 감염시키는데 정상적인 홈페이지에 접속하여도 피싱(가짜) 사이트로 유도되는 악성코드를 심어놓고 보안카드 번호 전부를 입력 요구하여 금융정보를 탈취 후 피해자 계좌에서 범행계좌로 이체하게 하는 행위이다.

다) 스미싱(Smishing)

문자메시지(SMS)와 피싱(Phishing)의 합성어로 '결혼 청첩장', '돌잔치 초대', '무료쿠폰 제공' 등의 문자메시지 내 첨부된 인터넷주소를 클릭하는 순간 악성코드가 스마트폰에 설치되어 피해자가 모르는 사이에 소액결제 피해 발생하거나 개인·금융정보를 탈취하는 행위이다.

라) 메모리 해킹

피해자 PC 메모리에 상주한 악성코드로 인하여 정상 은행사이트에서 보안카드 번호 앞뒤 2자리만 입력해도 부당 인출되는 수법의 범죄로 피해자 PC를 악성코드에 감염시킨 후 정상적인 인터넷 뱅킹 절차(보안 카드 앞뒤 2자리) 이행 후, 이체 클릭을 하면 오류를 반복적으로 발생(이체정보 미전송)시킨 후 일정 시간이 지나면 범죄자가 같은 보안카드 번호를 입력하여 범행계좌로 이체하는 행위이다.

마) 몸캠피싱

음란 화상 채팅(몸캠) 후 영상을 유포하겠다고 협박하여 금전을 갈취하는 행위로 자신을 여성이라 속인 범죄자가 랜덤 채팅앱 또는 모바일 메신저로 접근하며 미리 준비해둔 여성의 동영상을 보여주며 피해자와 화상 채팅을 하면서 피해자의 얼굴이 나오도록 음란행위 유도한 후 이를 녹화하고 화상채팅에 필요한 앱 혹은 목소리가 들리지 않는다는 등의 핑계를 들며 피해자에게 특정 파일 설치를 요구하면 피해자의 스마트폰 주소록이 범죄자에게 유출되고 이후 피해자 지인의 명단을 보이며 음란 동영상을 유포하겠다고 협박하여 금품을 속여 뺏는 행위이다.

사) 기타 전기통신금융사기

위 5가지 유형에 포함되지 않으며 피해자의 컴퓨터, 스마트폰, 정보통신망을 통하여 피해자의 계좌로부터 자금을 이체받거나 소액 결제가 이루어지게 하는 범죄를 뜻한다.

대표유형	사례이미지	
지인 사칭 유형	★돌★잔★치★조★대★장★ 보냈습니다 "co*y.c*m/xM*티*PvL*gSeg*s"	토요일z결혼식f앐q지o뱝고w죽복하려f와주세요.k웨딩z사진첩 "t.c*/R*tvvTv*w"
	모바t일s청첩y장eq도r착하v였슙y니g다 tw*.k*/yo*e?5*81*h	(죽y하,♬해u주)세요.^^ b*t*ds.co*
택배 사칭 유형	고객님의 택배가 부재중으로 반송되었습니다 i*.g*/Lu*Lno*	(로젠택배) 1/15 고객님택배 반송처리/주소불명 주소지확인(변경요망) < 1*!.kr/ju*o* >
	[현대택배]고객님 택배가 도착하였습니다. 확인하여주세요"ur*.c*/Z***a*	12_15고객님배송불가 주소불명 주소확인 변경요망 n*a*.c*.dtc*k*.net -우체국
공공기관 사칭 유형	민원24 중간소옹으로 민원접수되어 안내드립니다. 확인하기 htp://*o.g*sl*pl.*om	검찰로 사건 송치되었슙*!다 b*l!*/1G*71*d
	[범칙금고지서] 교통법규 위반으로 고지서가 발부되었습니다 my.m*fi*e.k*r	(민방위) 소집훈련통보서 수령하세요. http://d*.d*/8**e
사회적이슈 유형	[연합뉴스] 여객선(세월호) 침물사고 구조현황 동영상 http://g*o.*/jV*iR*	"2014브라질 월드컵 거리웅원장소 어디일까요?웅원장소 확인 http://a.*o/*C*3
	설날에 찾아뵈약하는데 영상으로남아 인사드립니다 멸심히 달리겠슙니다 z*y.k*/0e*	추석율링 증가로 배송이 지연되고있습니다. 배송일정확인하세요http://*oo.*l/b*!1x*l
기타 유형	고객님의 자동이체 일은 5일 입니다. 통장잔액확인 부탁드립니다.http://b*e.*m/Nd**	고객님 네이버계정은 신고접수 상태입니다 해제하세요>http://b*t.d*/nave*y*
	-i(주)현대캐피탈- 본인인증절차 go*.gl/A*ly!4 설치후꼭열기버튼인중확인바랍니다.	[쿠팡]롯데리아 이벤트 불고기버거 세트 70%할인 www.gr*p.k*/Sj*7

(출처: KISA 인터넷 보호나라)

3) 개인·위치 정보 침해

정보통신망을 통하여 디지털 자료화되어 저장된 타인의 개인정보를 침해, 도용, 누설하거나 이용자의 동의를 받지 않거나 속여 타인의 개인·위치 정보를 불법적으로 수집·이용·제공한 경우를 뜻한다.

4) 사이버 저작권 침해

(출처: 인터넷 웹하드 사이트 출력)

정보통신망을 통하여 디지털 자료화된 저작물, 즉 노래, 음악, 영화, 전자책 또는 컴퓨터 프로그램저작물에 대한 권리를 침해한 경우이며 인터넷에서 떠도는 글, 그림, 사진 등 저작물을 저작자 허락 없이 사용하는 행위를 포함하여 공유사이트와 웹하드 등을 통하여 저작물을 주고받는 행위는 저작권 침해에 해당한다.

5) 스팸메일

정보통신망을 통하여 법률에서 금지하는 재화 또는 서비스에 대한 광고성 정보를 전송하는 경우 및 이와 관련하여 허용되지 않는 기술적 조치 등을 행한 경우를 뜻한다.

6) 기타 정보통신망 이용형 범죄

정보통신망을 이용하여 행하여진 범죄 구성요건의 본질적인 부분이 위 5개 항목(인터넷 사기, 전기통신금융사기, 개인·위치 정보 침해, 사이버 저작권 침해, 스팸메일) 외 유형의 범죄를 뜻한다.

다. 불법 콘텐츠 범죄

정보통신망을 통하여 법률에서 금지하는 재화, 서비스 또는 정보를 배포·판매·임대·전시하는 행위의 범죄이다.

1) 사이버 음란물

정보통신망을 통하여 음란한 부호, 문언, 음향, 화상 또는 영상을 배포·판매·임대하거나 공공연하게 전시하는 행위로, 첫째 일반 음란물이란 보통 사람의 성욕을 자극하여 성적 흥분을 유발하고 정상적인 성적 수치심을 해하여 성적 도의 관념에 반하는 내용의 표현물을 배포·판매·임대·전시하는 경우이며, 둘째 아동음란물이란 아동·청소년 또는 아동·청소년으로 명백하게 인식될 수 있는 사람이나 표현물이 등장하여 성교 행위, 유사 성교 행위, 일반인의 성적 수치심이나 혐오감을 일으키는 행위, 자위행위를 하거나 그 밖의 성적 행위를 하는 내용의 표현물을 배포·판매·임대·전시하는 경우(아동·청소년의 성보호에 관한 법률 제2조 정의 참조)에 해당하는 범죄를 뜻한다.

2) 사이버 도박

정보통신망을 통하여 불법 도박 사이트를 개설하거나 불법 도박행위 또는 불법 사행행위를 한 경우로 '스포츠토토', '경마', '경륜', '경정' 등이 해당한다.

3) 사이버 명예훼손·모욕, 사이버 스토킹

사이버 명예훼손·모욕이란 인터넷 카페, 블로그, SNS 등 공개된 정보통신망을 통하여 다른 사람의 명예를 훼손하거나 공연히 사람을 모욕하는 등의 범죄이며 최근 SNS 사용자의 증가와 함께 소통의 창구로 SNS를 활용하고 있다. 하지만, 필요 이상의 내용을 게시하거나 의도치 않게 다른 사람을 비방하는 경우, 소위 파워네티즌, 인플루언서(Influencer) 등과 같이 사람들의 이목과 관심을 받는 유저인 경우 자신의 의견이 정화되지 않게 표현하여 많은 질타를 받는 경우가 있다.

이처럼 특정한 이슈가 되는 의견은 단시간에 사용자들 사이에서 급속도로 전파된다는 특징이 있다.

사이버 스토킹은 정보통신망을 통하여 공포심이나 불안감을 유발하는 부호, 문언, 음향, 화상 또는 영상을 반복적으로 상대방에게 도달하게 하는 범죄이다.

4) 기타 불법 콘텐츠 범죄

정보통신망을 통하여 법률에서 금지하는 재화·서비스 또는 정보를 배포·판매·임대·전시하여 성립하는 범죄 중 위 3개 항목 외 유형의 범죄를 뜻한다.

4. 사이버 범죄의 특징

사이버 범죄는 컴퓨터와 인터넷이 연결된 정보통신망을 이용하는 가상의 사이버 환경에서 발생한다는 특징이 있다. 또한 이러한 가상의 환경에서 범죄자는 비대면성, 익명성, 광역성, 초국경성, 전문성, 확장성 등의 특성이 있다.

가. 비대면성

사이버 범죄의 가장 대표적인 특성이라면 바로 비대면성과 익명성이라고 할 것이다. 사이버 공간에서는 현실의 '나'가 아닌 또 다른 가상의 '나'가 존재하며 가지지 못하거나 부족한 면을 새롭게 꾸미고 만들 수 있다. 현실의 외모와 달리 가상의 아바타와 자신을 표현하는 프로필 사진을 꾸며 새로운 '나'로 대신할 수 있다.

사이버 공간에서 새로운 자아를 탄생시키고 새롭게 꾸밀 수 있으며 현실 세계에서 할 수 없었던 행동을 서슴지 않게 할 수 있다. 피해 당사자와 얼굴을 마주하지 않기 때문에 실제 대화 또는 소동에서 느끼는 상대의 존재를 덜 의식하게 되며 직접 피해를 보지 못하기 때문에 죄의식 역시 희박해진다. 이로 인하여 범죄는 더욱 대담해지고 상습적으로 이어진다.

나. 익명성

현실 공간에서 나를 표현하는 이름과 주변의 배경, 외모, 성격은 사이버 공간에서 새롭게 만들어진 닉네임, 캐릭터 등을 통하여 '가상의 나'를 대신하기 때문에 자신을 숨길 수 있다.

최근 본인 인증 방법의 강화로 법적 통제를 계속하고 있으나 사이버 범죄는 초국경성을 바탕으로 하므로 한 나라의 제도권에서 통제하기에는 실효성의 의문이 든다.

다. 광역성

사이버 범죄의 폐해는 같은 언어로 의사소통만 가능하다면 장소의 제한이 전국을 넘어 전 세계에 미칠 수 있다. 명예훼손이나 모욕의 경우 사실 확인이 되지 않고 흥미 위주의 내용을 편집하여 기사 형식으로 소식을 전하는 소위 '찌라시'에서 유명인에 대한 허위의 사실을 퍼뜨렸고 '서울 240번 버스 사건'[2]의 경우 사실 확인이 전혀 되지 않은 상태에서 게시자의 추측만으로 한 사람의 인생을 송두리째 빼앗아 전국을 충격을 빠뜨렸다. 그 사건은 사이버 공간의 광역성을 그대로 보여준 것이다. 그리고 전자상거래를 통한 인터넷 사기 역시 소액의 판매 게시글 하나에 속아 이를 구매하고자 하는 피해자가 전국에서 발생할 수 있다.

라. 초국경성

사이버 범죄는 물질적 제약이 없는 가상의 공간에서 벌어지기 때문에 책임 소재를 명확히 구분하기 어렵고 실제 현실 세계에서 발생한 피해에 대해서 어떤 법적 처벌을 할 것인가 판단하기 어렵다. 외국의 해커가 국내의 서버 등을 공격하거나 국제 금융사기가 발생하면 해당 국가의 수사기관은 해외 수사가 불가능하고 이를 국제 공조로 해결해야 하지만 엄청난 시간과 협조가 원활하지 않아 마땅한 방법을 찾지 못하고 있다. 이로 인해서 최근 국제 공조에 대한 문제가 대두되고 있다.

마. 전문성

사이버 범죄는 컴퓨터 기술과 네트워크 기술을 악용해서 발생

---

2) 2017년 9월 11일 인터넷 커뮤니티에서 서울 240번 버스 운전기사는 어린아이 혼자만 먼저 내렸다고 버스 기사에게 하차를 요구하였으나 이를 무시하였다는 내용으로 사실과 전혀 다른 실제 사실이 알려지면서 버스 기사가 직업을 잃고 사회적으로 매장당할 뻔했다.

하는 범죄이다. 때문에 해킹이나 악성 프로그램 제작 및 유포와 같은 행위는 고도의 기술이 있어야 가능하고 이러한 기술적 진보를 따라갈 수 있는 수사기법 또한 지속적인 발전이 가능해야 할 것이다.

바. 확장성

사이버 범죄는 공간에 대한 경계가 없어 세계 곳곳에 영향을 미칠 수 있으며 이와 반대로 영향을 받을 수 있다. 특히 대부분의 컴퓨터는 같은 운영체제를 사용하고 있으며 해당 제품에 대한 보안 문제가 발생하면 바이러스나 해킹, 그 외 악성 프로그램에 의한 전파가 순식간에 일어나는데 그 피해는 상상을 초월한다. 이로 인하여 취득한 1차 범행의 자료를 활용하여 2차 범행이 가능하다. 예를 들어 인터넷 쇼핑몰의 취약점을 악용하여 해킹하여 고객의 정보를 탈취한 후 이를 2차 범행에 사용하는 경우가 대표적인 사례이다.

5. 사이버 범죄 수사의 특징

현재 우리는 인터넷의 일상화로 '현실 공간'(real space)과 또 다른 '사이버 공간'(cyber space)이라는 새로운 사회를 만들어 생활하고 있다. 사이버 공간의 사회화는 급속도로 발전하였으나 사회에 필요한 법규범이나 규제는 발전의 속도에 따르지 못하였고 이로 인한 사이버 범죄에 대처하지 못함은 어쩌면 당연한 결과이다.

사이버 범죄는 주로 컴퓨터나 인터넷 등 정보통신을 통하여 발생하고 이를 활용하기 위한 기초적 지식과 기술이 필요함을 이유로 나이가 어린 청소년, 젊은 층에서 발생하는 경향이 뚜렷하다. 특히 해킹, 악성코드 유포, D-DoS 공격 등의 범죄 유형에서는 특히 그러하다.

과거 뚜렷한 범행의 동기 없이 자기 과시욕 혹은 호기심에서 발생하였던 범죄는 최근 금전, 원한 관계 등 현실 공간에서 발생하는 기존 범죄의 동기와 같아지는 것도 특징이다.

일부 이용자는 평소 자신의 의사 표현을 잘하지 못하는 내성적 성격이지만 인터넷의 비대면성이라는 특수성에 힘입어 가상의 사이버 공간에서 과감한 의사 표현, 과격한 언어를 사용하여 다른 이용자에게 피해를 줘 한순간 범죄자로 전락하는 때도 있다.

또한, 인터넷 상거래와 중고거래를 하면서 짧은 시간에 전국적으로 다수의 피해자가 발생하는데 이때 피해액은 우리가 상상하는

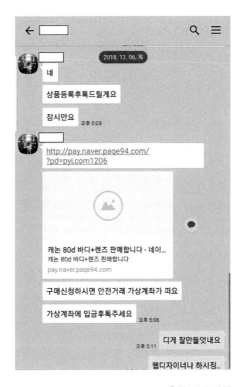

출처: 구글검색

이상이 되는 경우가 허다하다. 중고거래 등의 사기 피해 방지를 위하여 '안전거래'라는 중재 사이트를 통하는 경우가 많은데, 최근 안전거래 사이트와 유사한 피싱 사이트를 개설하여 운용하며 구매자를 속이고 피해금을 속여 뺏는 행태의 수법까지 있다.

이와 같은 사이버 범죄에 대한 수사는 현실 공간과 달리 네트워크 혹은 인터넷 사이트를 통하여 발생하므로 피해자와 피의자만 존재할 뿐 목격자나 참고인이 존재하지 않는 경우가 많다.

특히 수사관은 컴퓨터와 네트워크에 대한 기술적 지식이 있어야 하며 인터넷의 최신 추세, 동향 등에 대해서도 충분히 이해해야만 한다. 일반적인 현실 공간의 수사와 같이 탐문 등 임의수사 원칙에서 벗어나 금융계좌에 대한 내역 확인, 발생지 IP주소 확인, 휴대전화 가입자 인적사항 확인 등 수사의 대부분은 강제수사로 이루어지는 것 역시 사이버 범죄 수사만의 특징이다.

가. 사이버 범죄자 특징

사이버 범죄는 주로 컴퓨터나 인터넷 등 IT에 대한 지식과 사용 경험이 많은 젊은 층에서 이루어지는 경우가 많으며, 특히 해킹·바이러스 유포 등과 같은 고도의 IT 지식이 필요한 범죄에서는 이러한 특징은 매우 강하게 나타난다.

이 밖에 사이버 범죄의 범죄자 특징 중 가장 많이 거론되는 것이 뚜렷한 범행동기가 없다는 것으로 일반적인 형사사건의 경우 금전이 필요하거나 원한 관계, 치정 관계 등 비교적 범행동기가 명확하지만, 사이버 범죄 중 특히 '정보통신망 침해범죄'는 단순히 자기의 실력을 과시하기 위해서 혹은 호기심에 기인하는 경우가 많았다.

최근에는 금전적인 목적을 위해서 해킹을 하는 사례가 늘어나는 추세이다.

사이버 공간은 범죄자와 피해자의 비대면성으로 인해서 범죄자의 내면에 숨어 있던 성격이 표출되어 발생하는 범죄도 발생하고 있다. 예를 들어 현실 공간에서는 자신의 의사를 제대로 표시하지 못하는 내성적인 성격의 사람이 사이버 공간의 비대면성으로 인해서 평소 표출하지 못했던 자신의 의사를 과격한 언어로 표시하면서 인터넷 게시판이나 채팅에 사용하여 범죄로까지 이어지는 사례도 있다.

나. 사이버 범죄 피해자 특징

사이버 범죄 피해자 특징 중 가장 두드러진 것이 짧은 기간에 대량의 피해자가 발생한다는 것이다. 소액결제를 이용한 전자상거래 사기와 같이 피해자 개인 차원에서는 소액의 피해가 발생하였지만, 피해자가 전국적으로 수백 명에 이를 때에는 피해 규모가 일반인의 상상을 초월하는 것을 종종 볼 수 있다.

그리고, 직접 피해자 외에 2차적 피해자가 존재한다는 것인데, 예를 들어 인터넷 쇼핑몰이 해킹되어 고객들의 개인정보가 유출된 경우에 1차적으로는 인터넷 쇼핑몰 운영자에게 피해가 발생한 것이지만 유출된 개인정보의 주체인 고객들에게도 간접적인 피해가 발생할 수 있으며 오히려 그로 인하여 더 큰 피해가 발생할 여지가 많다.

다. 사이버 범죄 수사의 특징

사이버 범죄를 효과적으로 수사하기 위해서 정보통신 기술을 많이 활용하고 있다. 따라서 수사관은 사이버 공간을 이루는 컴퓨터와 네트워크 기술뿐만 아니라 인터넷을 구성하는 TCP/IP 프로토콜,

컴퓨터 언어, 소프트웨어 활용 등 기술적인 요소들에 대해서 충분히 이해하고 범죄 수사에 활용할 수 있는 능력을 요구받고 있다.

정보통신 기술에 대한 충분한 이해와 활용능력 없이 사이버 범죄 수사를 담당하게 되면 피해자나 피의자 등 사건관계인의 진술에 의존할 수밖에 없어 수사의 주체가 되지 못할 것이다.

사이버 범죄 수사관은 범죄 수사에 대한 법률적 지식과 함께 절차적 지식, IT 활용 능력까지 완벽함을 요구하고 있는데, 사이버 범죄 수사 절차에서 수사관은 「초동수사 → 현장 수사 → 범인 추적 → 압수·수색 → 증거수집 및 분석 → 범인 조사」의 과정에 모두 관여하기 때문이다.

6. 네트워크와 사이버 범죄의 관계

인간은 신체적 한계를 극복하기 위해서 도구를 개발하였고 이는 문명의 발전과 함께 삶을 편리하게 만들어주기도 하지만, 동전의 양면과 같이 다른 한 면은 다른 사람의 삶에 악용하는 도구가 되기도 한다.

예를 들어 칼은 음식을 만들고 도구를 다듬는 것에 사용되기도 하지만 흉기로 사용되어 범죄의 도구가 되기도 한다.

컴퓨터 네트워크 역시 통신의 편리함을 주지만 사용자의 증가로 범죄에 악용되는 요소가 되기도 한다.

컴퓨터 네트워크는 크게 세 가지 유형으로 사이버 범죄의 요소가 되고 있으며 지금의 상황보다 계속 발전함에 따라 그 변화는 더욱더 빠르게 다양화될 것임은 분명하다.

첫째, 컴퓨터 네트워크가 스스로 공격의 대상이 되는 경우이다.

예를 들어 해킹(최협의의 해킹, 즉 권한 없이 컴퓨터 네트워크에 침입하는 행위)과 전형적인 D-DoS 공격에 있어서 악의적인 목적으로 봇넷을 형성하는 행위 등이다.

이렇게 형성한 봇넷을 특정 시스템이나 네트워크에 대량의 패킷을 송신하는데 악용하는 행위 등이다.

봇넷(BotNet)

네트워크의 편리함을 범죄에도 적용한 것으로 볼 수 있으며, 네트워크 자체를 공격했다고 볼 수도 있다.

둘째, 범죄를 가능하게 하는 인프라(Infrastructure, 기반시설)로 활용되는 경우이다.

스팸메일을 무작위로 발송하는 일, 피싱 메일이나 피싱 사이트를 운영하는 행위 등 인터넷의 편리성을 악의적으로 활용하는 유형이다.

셋째, 컴퓨터 네트워크가 일반 범죄의 장소로 이용되는 경우이다. 인터넷이 널리 보급됨에 따라 일반 사용자들[3] 간에 의사소통이 쉬워졌고, 그 수도 크게 늘었다.

예전, 네이버 블로그, 다음 카페, 싸이월드 등 사이버 공간에 상주하던 이는 현재 각종 SNS로 이주하여 특별한 이벤트를 'Facebook'에 올려 일상을 공유하고, 예쁜 옷을 입고 보기 좋은 음식을 사진 찍어 'Instagram'에 올려 다른 사람의 의견을 듣고 있으며 자신의 하루를 마감하며 'Vlog' 형식의 일기로 저장하고 있다.

---

3) 이들을 네트워크의 끝단에 있다고 해서 엔드유저end-user라고 부른다.

하지만, 사이버 범죄는 오프라인에서의 범죄와 본질에서 다를 바 없이 일어나고 있는데 온라인상에서 사기, 도박, 음란물 유포, 명예훼손, 협박, 스토킹 등이 발생하고 있다.

제2절   컴퓨터의 구성과 네트워크 이해

1. 컴퓨터 구조와 기억 장치

가. 컴퓨터 구조

컴퓨터는 하드웨어(Hardware)와 소프트웨어(Software)로 구성되어 있으며 하드웨어는 물리적으로 이루어진 구성체이며 인간의 몸과 같다. 이에 반해 소프트웨어는 하드웨어에 명령을 내려 특정한 작업을 수행하도록 하는 논리적 절차로 구성된다. 소프트웨어 없는 컴퓨터는 단지 깡통과 같으나 소프트웨어와 하드웨어를 충분히 활용한다면 최상의 성능을 발휘할 수 있다.

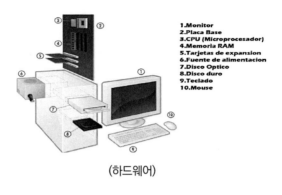

1.Monitor
2.Placa Base
3.CPU (Microprocesador)
4.Memoria RAM
5.Tarjetas de expansion
6.Fuente de alimentacion
7.Disco Optico
8.Disco duro
9.Teclado
10.Mouse

(하드웨어)

(소프트웨어)

출처: 구글검색

1) 하드웨어(Hardware)

가) 입력 장치(Input)

사용자가 원하는 문자, 기호, 그림 등의 데이터 또는 명령을 컴퓨터 내부의 메모리에 전달하는 기능을 하며 키보드, 마우스, 조이스틱, 게임패드, 스캐너, 웹캠, 태블릿 등의 장치가 있다.

나) 중앙처리장치(Central Processing Unit, CPU)

프로그램의 명령을 하나씩 읽고 해석하여, 모든 장치의 동작을 지시하고 감독·통제하는 기능으로 컴퓨터에서 가장 핵심적인 기능을 담당하며 이로 인해서 컴퓨터는 자동성을 갖게 되며 중앙 처리장치(CPU)가 이에 해당한다.

다) 주기억 장치(Memory, Primary Storage)

입력 장치로 읽어 들인 데이터나 프로그램, 중간 결과 및 처리된 결과를 기억하는 장치로 ROM, RAM 등 메모리 장치가 해당한다.

라) 출력 장치(Output)

프로그램의 결과를 사람이 읽을 수 있도록 출력하는 장치이며 모니터, 프린터, 스피커 등이 있다.

마) 보조기억 장치(Secondary Storage)

주기억 장치를 확장한 것으로 속도는 느리지만, 용량은 상대적으로 크다. 하드디스크, SSD, 디스켓, CD-ROM, DVD, 블루레이 디스크, 플래시 메모리, 낸드 플래시 등이 있다.

2) 소프트웨어(Software)

컴퓨터 시스템을 효율적으로 운영하기 위하여 개발된 프로그램을 총칭하며 컴퓨터를 관리하는 시스템 소프트웨어와 문제 해결에 이용되는 다양한 형태의 응용 소프트웨어가 있다.

OS인 windows, iOS, 안드로이드, 리눅스, 유닉스, 문서 편집기인 마이크로 오피스, 아래아 한글 등 프로그램이라 불리는 것들이다.

나. 기억 장치

컴퓨터 중앙처리장치에서 연산 작업을 하기 위해서는 처리 대상이 되는 데이터나 정보를 읽어야 하고 처리를 위해 저장되어야 할 장소가 필요하다. 또한, 처리 중간에 데이터를 저장하고 결과를 저장해야 하는 장소를 기억 장치라고 한다.

1) 용도에 따른 기억 장치의 종류

컴퓨터가 처리할 프로그램이나 데이터를 일시적으로 기억되는 장소를 주기억 장치와 데이터 처리 전·후의 결과를 영구적으로 보관하는 보조기억 장치가 있다.

사용 중인 PC를 보면 메모리라고 부르는 RAM이 주기억 장치이고 하드디스크, SSD 장치가 보조기억 장치이다.

가) 주기억 장치

주기억 장치는 컴퓨터가 처리할 데이터를 일시적으로 저장하는 기억 상지로서 현재 처리되고 있는 프로그램과 데이터, 결과가 저장된다. 주기억 장치에는 'ROM', 'RAM'이 있다.

(1) ROM(Read Only Memory)

데이터를 반영구적으로 저장할 수 있는 메모리이며 롬 안에 들어 있는 데이터를 바꾸는 것이 불가능하거나 어렵다. 따라서 비휘발성 메모리(전원이 꺼져도 남아 있는 저장공간)의 성격이 있다. 보통 시스템 부팅용 코드나 시스템 설정과 관련된 파일을 담는 용도로 쓰인다.

시스템의 설정을 확인하기 위해서 부팅 후 'F2', 'Delete' 키를 눌러 시스템 설정 상태를 확인할 수 있다.

(2) RAM(Random Access Memory)

컴퓨터의 내부에 들어 있는 메인 메모리(RAM)는 데이터와 프로그램 코드, 세팅 등과 같은 컴퓨터가 작동할 때 필요한 정보들이 일시적으로 저장되는 주요 작업공간이다. 무작위 접근 기억공간(Random Access Memory)이라고 하는 이유는 무작위로 접근 가능한 메모리 칩들로 이루어진 공간이라는 의미에서 시작되었다. 이 메모리 칩들이 발명되기 이전에는 테이프를 이용하여 순차적 접근을 했지만 메모리 칩들과 하드디스크와 같은 저장매체가 나오면서부터 테이프와 같이 순차적인 접근이 아니라 훨씬 빠른 속도로 무작위 접근이 가능하게 되었으며, 기존에 테이프를 이용한 접근과 구분하기 위해서 'Random Access Memory'라고 부르게 된 것이다.

ROM과의 비교

Read Only Memory와의 가장 큰 차이점은 바로 휘발성(Volatility)의 차이이다. ROM은 전원이 꺼져도 데이터를 저장하고 있으나, RAM은 전원이 꺼지면 데이터가 지워진다. 하지만, NVRAM(Non-Volatile Random Access Memory)와 같이 비휘발성 RAM도 있다. NVRAM을 이용하는 대표적인 매체가 우리가 즐겨 사용하는 USB(Universal Serial Bus)이다.

RAM은 컴퓨터에서 작동하는 모든 프로그램과 데이터들이 일시적으로 저장되는 장소이기 때문에 디지털 포렌식에서 RAM의 내용을 그대로 긁어 분석하는 휘발성 데이터 수집 및 분석기법이 최근 주목받고 있다.

나) 보조기억 장치

보조기억 장치는 처리 결과 데이터를 영구적으로 저장하기 위한 기억 장치로 자기테이프와 같이 순차적으로 접근할 수 있는 '순차접근 기억 장치'와 자기 디스크와 같이 직접 접근할 수 있는 '직접 접근 기억 장치'로 구분할 수 있다.

2) 매체에 따른 기억장치의 종류

가) 자기코어 기억장치

자기코어(Magnetic Core)는 페라이트(Ferrite)라는 자성 물질을 고리 모양으로 만든 링에 도체를 끼운 후 도체에 흐르는 전류의 방향에 따라 데이터를 기억시키거나 읽을 수 있는 기억 장치이다.

나) 자기 디스크 기억장치

자성 물질을 입힌 금속 원판을 여러 장 겹쳐서 만든 기억매체이며 용량이 크고 접근속도가 빠르다. 자기 디스크는 순차, 비순차(직접) 처리가 모두 가능하며 하드디스크와 디스켓 등이 있다.

다) 광학 기억장치

빛을 이용하여 화학적 반응을 일으켜 저장하는 원리이며 CD, DVD, Blu ray Disc가 대표적이다.

라) 반도체 기억장치

반도체 기억장치는 기본 논리 소자로 플립플롭 회로를 사용한 것으로 반도체 소자를 이용하여 만들어졌다. 반도체를 재료로 사용하였기 때문에 반도체 기억장치는 크기가 작고 속도가 빠르며 전력을 적게 소비한다. 그러나 반도체 기억장치를 이용하여 대용량의 메모리를 구성하기에는 가격이 너무 비싸 보조기억 장치보다는 주로 주기억 장치로 사용된다. 다만 2010년대 중반부터 반도체 소자 저장장치인 SSD가 보조기억 장치로서의 인기를 얻었으며, 중소용량의 휴대용 저장장치로 SD카드와 USB 메모리도 많이 사용한다.

반도체 기억장치는 성질에 따라 롬(ROM)과 램(RAM)으로 구분하고, 전원이 끊어져도 내용을 기억하고 있는 비휘발성 메모리와 전원이 끊어지면 내용이 삭제되는 휘발성 메모리로 나눌 수 있다. 또한, 저장된 내용을 읽으면 내용이 삭제되는 파괴 메모리와 내용을 읽어도 삭제되지 않는 비파괴 메모리로 나눌 수 있다. 롬은 비휘발성 메모리이고, 램은 휘발성 메모리이다.

3) 기억장치의 성능

기억장치의 성능은 기억 장치의 용량, 접근시간, 데이터 전송률 등으로 평가할 수 있다.

가) 용량(Storage Capacity)

컴퓨터의 주기억 장치는 도로의 차로로 표현할 수 있다. 차로가 넓을수록 많은 차량이 통행할 수 있다. 따라서 RAM의 용량이 커질수록 컴퓨터의 연산 속도가 빨라질 수 있다. 하지만 운영체제의 특성에 따라 최대 용량이 제한될 수 있다.

1 Bit = 최소단위(A Bit is a value of either a 0 or 1)

1 Byte = 8 Bit

1 KB(Kilo Byte) = 2^{10} Byte = 1024 Byte

1 MB(Mega Byte) = 2^{20} Byte = 1024 KB

1 GB(Giga Byte) = 2^{30} Byte = 1024 MB

1 TB(Tera Byte) = 2^{40} Byte = 1024 GB

1 PB(Peta Byte) = 2^{50} Byte = 1024 TB

1 EB(Exa Byte) = 2^{60} Byte = 1024 PE

1 ZB(Zetta Byte) = 2^{70} Byte = 1024 EB

1 YB(Yotta Byte) = 2^{80} Byte = 1024 ZB

나) 접근시간(Access Time)

접근시간은 기억 장치에 기억된 데이터를 읽거나 기억 장치에 데이터를 기록하는 데 걸리는 시간을 말한다. 램의 경우에는 기억시킬 메모리의 주소를 메모리 주소 레지스터(MAR)에 전달한 후, 메모리 버퍼 레지스터(MBR)에서 기억시킬 데이터를 수신할 때까지 걸리는 시간을 의미한다.

다) 데이터 전송률(Data Transfer Rate)

데이터 전송률은 기억 장치에서 1초 동안에 전송될 수 있는 최대 정보량을 의미하는 것으로 대역폭(Bandwidth)이라고도 한다. 데이터 전송률의 단위는 초당 비트(bits per second, bps) 또는 초당 문자(Character per Second, cps)이다. USB와 SATA의 규격을 볼 때 Gbps(Gigabits per Second)라는 표기를 사용하는데 초당 십억 비트의 전송속도를 나타내는 단위이다.

4) 기억 장치의 계층

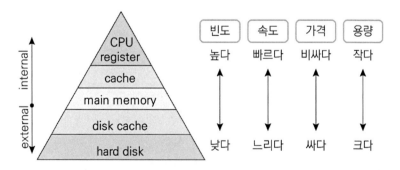

출처: 구글검색

기억장치의 속도와 용량은 가격과 비례한다. 기억 장치의 속도가 빨라지고 용량이 커진다면 그만큼 가격은 비싸진다. 따라서 자신이 사용 중인 컴퓨터와 사용 환경에 따라 시스템을 구축할 필요가 있다.

즉, 작업의 환경이 빠른 속도가 요구되지만, 대용량이 필요하지 않으면 고속의 CPU를 사용하고, 반대로 빠른 속도는 요구하지 않지만 대용량의 자료를 보관해야 한다면 저가의 대용량 기억 장치를 사용하면 된다.

2. 컴퓨터 부팅 절차

컴퓨터는 전원이 들어오면 미리 정해진 절차에 따라서 시스템 구성요소를 테스트하고 세팅하여 최적화된 환경을 적용하는데 이러한 절차가 끝나면 사용자가 사용할 수 있는 환경이 된다. 이러한 단계를 부팅과정이라 한다.

가) 전원을 켜 전기가 들어가는 POST(Power On Self-Test)라는 과정이 시작된다. 전원은 Power Supply를 통해서 들어오게 되며 전원이 Power Supply를 거쳐서 나가기 직전에 Power Supply는 전류와 전압이 적당한지를 점검하는 자체 POST 과정을 거치게 된다. Power Supply를 거쳐서 나온 전기는 미리 정해진 경로를 거쳐 CPU register 값을 0xF000으로 초기화하게 된다. 이 0xF000은 ROM BIOS 안에 들어 있는 부팅프로그램의 시작 위치를 나타낸다.

나) ROM BIOS에 들어 있는 'bootstrap(또는 boot program)'이 일련의 시스템을 점검한다. 첫 번째 단계는 CPU와 POST 절

차를 점검하기 위해서 만들어진 명령어를 실행시켜서 BIOS 칩셋 안에 들어 있는 정보와 일치하는지 확인하고 한다.

다) System Bus가 정상적으로 작동하는지 확인하기 위해서 CPU가 신호를 보낸다. 이게 통과되면 POST는 다음 단계로 넘어간다.

라) CPU는 다음으로 RTC(Real-Time Clock)를 점검한다. RTC는 모든 시스템의 전기적인 신호를 동기화하게 된다.

마) 다음 POST는 시스템의 비디오 구성요소들을 테스트하며 이 과정이 완료된 후에 표준출력을 이용해 사용자는 화면을 볼 수 있다.

바) 다음으로 POST는 RAM을 점검한다. RAM에 데이터를 쓴후에 그 값을 읽어서 서로 비교해서 맞으면 합격, 틀리면 불합격으로 판단하게 된다.

사) 다음 키보드를 점검한다. 키보드가 잘 부착되어 있는지 혹시나 다른 키가 눌러진 것은 아닌가 점검한다.

아) 다음 시스템에 연결된 모든 드라이브(하드디스크, CD 등)에 신호를 보내 정상적으로 작동하는지 테스트한다.

자) POST는 이러한 테스트 결과를 CMOS, 즉 RTC/NVRAM에 저장된 값과 일치하는지 검사한다. 만일 두 값이 일치하지 않으면 Setup 프로그램을 실행해서 설정을 업데이트 하도록 유도한다.

차) 다음 자체 BIOS를 가지고 있는 시스템 부품이 있으면 이를 읽어서 RAM 안에 탑재된 BIOS에 추가된다. SCSI BIOS가 그 대표적인 예이다. 그 다음으로 Plug and Play가 실행되어 장치를 설정하고 시스템 설정 및 관련된 설정 사항을 RAM에 로드한다. 이 시점에서 시스템은 운영체제를 불러오

기 위한 준비를 한다.

카) Bootstrap 코드, 즉 부팅프로그램은 이 시점에서 중요한 두 가지 임무 중 하나를 마치게 된다. 바로 POST를 실행하는 것이고 두 번째 마지막 임무는 부팅 순서에 입각해서 사용 가능한 운영체제가 들어 있는 드라이브를 찾는 것이다. 이를 위해서 ROM BIOS 부팅코드는 기본 부팅 하드디스크의 첫 번째 섹터에서 MBR(Master Boot Record)을 찾고 이를 읽어서 메모리에 탑재한 후 유효한 서명 값(Signature)을 찾게 된다. 이 서명 값은 MBR의 마지막에 있는 2바이트로서 0x55AA 값을 가진다. 만일 이 값을 찾지 못하면 에러 메시지를 보내고 시스템이 정지되며 찾았을 경우 계속 부팅이 진행된다.

타) MBR은 64바이트짜리 파티션 테이블 정보를 가지고 있으며 MBR의 446~509Byte Offset에 그 정보가 들어 있다. 각각의 파티션 테이블을 16바이트의 크기를 가지며 4개 파티션 테이블을 가지고 있다. MBR은 이 파티션 테이블에서 활성 파티션으로 표시하는 boot indicator byte를 찾는다. 일반적으로 Boot indicator byte는 0x80을 값을 가지면 부팅 가능하고 0x00이면 부팅이 가능한 파티션이 아니다. 부팅이 가능하면 해당 파티션의 시작 위치로 이동하면 MBR과 유사한 형태의 첫 번째 섹터가 나오는데 이 섹터를 VBR(Volume Boot Record)이라 한다. 이때부터 운영체제에서 정의된 부팅 과정이 수행된다.

파) VBR에 있는 코드는 Window XP 이하의 버전일 경우 NT Loader(NTLDR)라는 시스템 파일을 찾아서 실행시키고 Windows Vista 이후는 윈도 부트 관리자(BOOTMGR)를 찾아서 실행

시킨다. NTLDR 파일은 우선 CPU를 보호 모드(Protected mode)로 만들고 파일 시스템을 구동시켜서 BOOT.INI 파일을 읽어 시작메뉴 옵션과 초기 부팅메뉴 옵션을 적용한다. BOTMGR인 경우 Boot 폴더에 있는 부팅 시 설정 데이터가 들어 있는 BCD 파일을 읽고 그 내용을 적용한다.

하) 이후 NTLDR은 NTDETECT.COM을 로드하여 설치된 하드웨어가 있는지 시스템을 검색하고 설정 데이터를 NTLDR로 전송한다. 만일 하나 이상의 하드웨어 설정 정보가 존재하는 경우 NTDETECT는 그 하드웨어에 관한 정확한 설정 정보를 파악히여 그 정보를 실행한다.

거) NTDETECT에 의해 수행된 결과는 NTOSKRNL.EXE(NT OS KERNEL)에 적용된다. 이후 NTOSKRNL.EXE는 Kenel과 HAL(Hardware Abstraction Layer) 및 시스템 레지스트리 정보를 로드한다.

Windows Vista 이후의 버전일 경우 Windows Boot Manager는 WINLOAD.EXE 파일을 호출하여 커널 파일인 NTOSKRNL.EXE와 부팅 시 호출되는 장치관리자들을 로드한다.

너) 다음 단계는 TCP/IP와 같은 네트워크를 위한 드라이버와 코드를 로드하고 서비스들이 호출되어 실행되는데 그중 하나가 로그온 서비스이며 성공적으로 로그인을 하게 되면 현재 설정 상태를 양호함(Good)으로 판단하고 Last Known Good Configuration이라는 시스템 레지스트리의 값을 업데이트 한다.

더) 로그인 과정에서 연결된 장치확인도 동시에 진행되며, 만약 새로운 장치가 연결되면 Plug and Play 서비스가 시스템 리소스를 할당하고 DRIVER.CAB 파일로부터 드라이버를 추출하여 설정 및 마운팅을 마무리짓게 된다. 그리고 난 후 비로소 GUI 바탕화면이 만들어져 사용자로 하여금 컴퓨터를 사용할 수 있게 만들어준다.

※ 가~타 단계까지 부팅 순서는 같지만 이후 단계는 윈도 운영체제 버전에 따라 많은 변화가 있다.

---

3. 네트워크의 기본원리

우리가 인터넷에 접속하기 위하여 가장 많이 사용하는 '웹브라우저(Web Browser)' 도구인 '인터넷 익스플로러(Internet Explore)' 등 프로그램에서 보여주는 인터넷 접속 화면이 실제 눈에 보이는 과정을 개략적으로 설명하고 주소창에 URL(Uniform Resource Locator) 입력 후 인터넷 홈페이지가 모니터로 출력되는 것을 일반인의 언어로 이해할 수 있다.

우선, 몇 가지 용어에 대한 개념 정립이 필요한데 영어권에서 만들어진 탓에 이런 용어는 영어로 되어있다.

'서버(Server)', '클라이언트(Client)', '리퀘스트(Request)', '도메인(Domain)' 등 인터넷에서 자주 사용되는 용어들은 우리말에 적절한 단어가 없는 경우가 많아 무리하게 한글로 바꾸다 보니 3중 번역으로 원래 의미가 사라지기도 한다.

인터넷과 관련된 용어는 인터넷의 기본문서(Request for Comments, RFC 문서)에 등장하는 세계 공용어이다. 인터넷 기본문서는 인터넷을 만들어 낸 사람들이 '이런 식으로 하면 통신이 될 것이다'라는 취지로 적어놓은 메모에서 출발한 것인데, 1번부터 번호, 저자, 날짜 등이 차례로 매겨져 있다. 예를 들어 '호스트(Host)', '네트워킹(Networking)', '에러 체킹(Error Checking)' 등의 단어는 1969년 RFC 1번 문서에 등장하고 있다.

1982년 TCP/IP를 통한 네트워크가 처음 작동되었는데 그 이전부터 컴퓨터를 이용한 네트워크를 어떻게 만들 수 있는지 여러 사람이 고민한 것을 엿볼 수 있다.

가. 패킷 기반의 통신

네트워크를 기본적으로 이해하기 위해서는 우리가 일상에서 사용하는 '전화'를 모델로 생각해 보면 이해하기 쉽다. 일반적인 전화통신의 경우 '서킷 스위칭(Circuit Switching)'이라는 방식을 사용하고 있다.

'서킷(Circuit)'이라는 말은 자동차 경주장의 트랙과 같이 처음과 끝이 서로 연결된 것을 의미한다. 전기회로에서 전체적으로 연결되어 전기가 통하는 상태의 회로를 서킷이라고도 한다.

그림 1 서킷 스위칭(Circuit Switching)

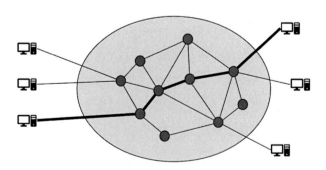

전화 통신에서 A는 누군가에게 전화를 걸어 B가 전화를 받으면 통신이 유지된다. 그리고 중간에 얼마나 많은 장치를 거치는지 상관없이 서킷을 통해서 계속 통화를 할 수 있다. 그리고 전화를 끊는다면 A와 B가 연결한 서킷에서 빠져나오게 되는 것이다.

이처럼, 전화의 교환기는 기계식이든 전자식이든 한 번 연결하면 수화기를 내려놓을 때까지 계속 연결되어 있는데, 이것이 '서킷 스위칭' 방식의 대표적 성질이다.

이에 비하여, 인터넷은 '패킷 스위칭(Packet Switching)'에 의하여 통신이 이루어진다. '패킷(Packet)'은 다량의 상품이 판매되는 단위 또는 '포장'이라는 의미와 함께 '묶음'이라는 의미도 있다. 담배 1갑, 연필 1더즌(Dozen) 등에서 쓰이는 단위 같은 것이다. '패킷 스위칭'이란 데이터가 연속적으로 회선을 타고 흐르는 것이 아니라 단편으로 쪼개어져 필요할 때에만 통신을 타고 출발하여 통신장비에 의하여 목적지까지 전달되는 것을 의미한다.

앞서 설명한 서킷 스위칭이 전화와 같다면 패킷 스위칭은 '우편'과 비슷하다고 생각하면 된다.

패킷 스위칭을 쓰는 네트워크에서는 장치 사이에 데이터를 보

그림 2 패킷 스위칭(Packet Switching)

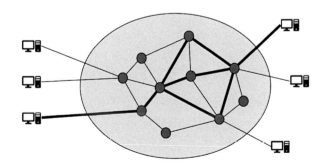

내기 전에 미리 서킷을 만들지 않으며 심지어 같은 통신에서 전송하는 같은 파일에서 비롯된 것일지라도 데이터의 조각들은 다양한 경로를 선택해 이동한다.

달리 통신 중에 계속 연결이 되어 있는 것이 아니기 때문에 패킷 하나하나마다 목적지를 찾아가기 위한 정보를 가지고 있어야 하며 이런 것을 'IP Header', 'TCP Header' 등이라 한다. '주소', '우편번호' 같이 생각하면 이해하기 쉽다.

패킷 방식의 통신 방법은 '충돌'이라는 문제가 발생할 수 있다.

패킷 방식의 네트워크는 통신선 1개를 가지고 여러 대의 컴퓨터가 동시에 통신할 수 있도록 고안한 것이다.

만약 전화와 같은 서킷 스위칭 방식과 같다면 누군가가 1개의 통신선에 접속하여 이용 중일 때 다른 사람은 그 통신이 끝나기를 기다려야 했기 때문에 이를 개선하기 위한 노력이었다.

하지만, 통신선 상에 동시에 복수의 패킷은 흐를 수 없는데 인터넷의 연결 방법인 이더넷의 규칙에서 컴퓨터는 통신선이 사용 중인지 아닌지 검사하고 노선이 비어 있을 때만 패킷을 보낼 수 있다.

예를 들어 어느 사무실에서 10대의 컴퓨터로 하나의 네트워크를 구성하여 인터넷에 연결하였다고 가정하면, 순간적으로 네트워크를 들여다보면 그 네트워크 안에는 1개의 컴퓨터만 통신하고 있다. 이것을 구현하기 위하여 초기 인터넷 개발자들은 '충돌'과 시간 배분 문제로 심각하게 고민했을 것이다.

동일 네트워크 안에 컴퓨터 수가 늘어나면 또한 충돌 가능성도 커진다. 이러한 하나의 네트워크를 충돌 도메인, 즉 콜리전 도메인 (Collision Domain)이라 한다. 10대의 컴퓨터가 같은 선상의 충돌 도메인에 있다는 말은 하나의 네트워크에 있다는 말과 같고, 10대의 컴퓨터는 동시에 패킷을 쏘면 '충돌'이 생긴다는 말이다. 컴퓨터가

10대면 모르겠지만 만약, 수백 대로 늘어나면 충돌은 피하더라도 네트워크 노선이 너무 바빠지기 때문에 통신을 위해서 한참을 기다려야 하는 문제가 생겼을 것이다.

결국, 물리적이든 논리적이든 충돌 도메인을 나누어 네트워크 속도를 유지해야 할 필요성이 생긴다. 따라서, 이를 물리적으로 구현하기 위해 새로운 스위치, 라우터 장비가 개발되었으며 논리적으로 네트워크를 구분하는 서브 네팅(Sub Netting) 같은 것이 생겼다.

인터넷은 누구나 들어올 수 있는 네트워크 자원들의 '자발적인' 모임이기 때문에 네트워크에 패킷을 주고받을 수 있는 장비만 붙이면 연결된다. 만약 인터넷의 초기 개발자들이 '회선 스위칭' 방식을 채택했다면 인터넷은 중앙에서 통제를 받는 모습일 것이며 자유로운 확장이 되지 않아 지금처럼 확산하지 못했을 것이다.

나. 네트워크 자원

컴퓨터에서의 Resource(자원)란 다양한 의미를 지니며, 그것은 '사용할 수 있는 어떤 것'을 뜻한다. 메모리도 자원이고 하드디스크도 자원이며, CPU도 자원이다. 예를 들어 CPU 자원이 부족하다는 말은 여러 개의 프로그램을 동시에 돌려서 CPU의 속도에 비해 프로세스의 부담이 높아져서 전체적인 처리 속도가 느려졌다는 의미가 된다. 따라서, 자원은 하드웨어적인 요소와 소프트웨어적인 요소 모두를 포함한다.

한편, 컴퓨터 네트워크에서의 리소스는 다양한 의미로 쓰일 수 있는데, 네트워크를 가능하게 하는 기반시설인 인터넷과 인터넷 연결을 제공하면서 그 대가로 돈을 받고 인터넷 회선을 제공하는 업자(Internet Service Provider, ISP), 그들이 제공하는 회선과 연결 장치들

그리고 사용자가 사용 중인 컴퓨터도 네트워크에 연결이 된다면 바로 '네트워크 리소스'의 하나가 된다. 컴퓨터 네트워크는 이와 같은 다양한 '리소스'들이 서로 연결된 집합체이다.

네트워크에서는 리소스를 제공하는 컴퓨터를 '서버(Server)'라고 하고, 이를 요청하는 컴퓨터를 '클라이언트(Client)'라고 부른다. 서버에서는 자신이 가진 리소스를 타인이 접근해 와서 제공할 수 있도록 해주는 서버용 소프트웨어가 돌아가고 있는 것이고, 클라이언트 측에서는 이를 받아 화면에 보여줄 수 있는 클라이언트 측 프로그램이 돌아가고 있는 것이 보통이다. 클라이언트 측 소프트웨어의 예로는 인터넷 익스플로러 등 프로그램 등이 있다.

서버는 컴퓨터 하드웨어적인 측면에서 본다면 본질에서 다른 점은 없지만, 웹, FTP, 이메일 등 서비스를 하려는 '서버 프로그램'과 각종 자료를 보관하는 '데이터베이스'를 돌리고 있다는 점에서 약간 다르다.

1) O/S와 통신 애플리케이션

O/S는 오퍼레이팅 시스템(Operating System)의 약자이며 '운영체제'라고 한다. 우리가 많이 사용하는 'Windows'를 생각하면 그것이 맞다. 우리나라에서는 윈도를 가장 많이 사용하고 있으며 Linux, Unix, OS X 등이 있다.

O/S는 컴퓨터의 자원을 활용할 수 있도록 도와주는 소프트웨어이다. 컴퓨터에는 CPU, RAM, ROM, 칩세트, 전원관리 회로 등 시스템 장치, 비디오 카드, 사운드카드, 네트워크 카드 등 각종 어댑터류, 마우스 포트, USB 포트, 프린터 포트 등 연결 장치류 등 다양한 자원이 들어있다.

O/S는 사용자들에게 '유저 인터페이스(User Interface)[4]'만을 보여주지만, 사실 보이지 않는 곳에서 시스템 자원들을 가지고 바쁘게

움직이고 있다. 우리는 업무를 처리하면서 문서 작업을 하면서 자료를 인터넷을 통해서 찾고 메신저로 자료를 주고받으며 음악이나 동영상도 보면서 일하고 있다. 이러한 동시의 작업을 '멀티태스킹(Multitasking)'이라고 하는데 O/S의 발전으로 가능하게 되었다.

그렇다면 O/S는 어떤 일을 하는지 알아보자.

프로세스 관리	• 여러 개의 프로세스가 충돌 없이 원활하게 수행하도록 관리 • 프로세스가 정보를 공유하고 교환 • 각 프로세스 자원을 다른 프로세스로부터 보호 • 프로세스 간 동기화 • 프로세스 생성과 제거 • 프로세스 중지와 재시작
기억장치 관리	• 한정된 용량의 주기억 장치에 여러 개의 프로그램을 필요에 맞게 효율적으로 사용할 수 있도록 관리 • 반입 전략: 보조기억 장치의 프로그램이나 데이터를 언제 주기억 장치로 적재할 것인지를 결정 • 배치 전략: 새로 반입되는 프로그램이나 데이터를 주기억 장치의 어디에 위치시킬 것인지를 결정 • 교체 전략: 주기억 장치의 모든 영역이 이미 사용 중인 상태에서 주기억 장치에 배치하려고 할 때 이미 사용되고 있는 영역 중에서 어느 영역을 삭제한 후 교체하여 사용할 것인지 결정
입출력장치 관리	• 컴퓨터에 연결된 입출력장치 및 주변장치를 관리하고 제어 • 입·출력 장치의 상태를 파악 • 주변 장치 자동 인식기능(Plug and Play)을 통해 컴퓨터에 장치를 추가할 때 별도의 물리적인 설정 없이 사용 가능

---

4) 유저 인터페이스(interface: 두 가지 영영 사이에 있는 연락관, 연결자)란 컴퓨터가 유저를 만나는 공간이라고 보면 된다. 각종 메신저 프로그램이 사용자에게 보여주는 각종 화면, 웹브라우저가 보여주는 화면처럼 복잡한 프로그램의 처리 과정을 뒤로하고 사용자를 맞는 것이 인터페이스이다. 텍스트 기반이던 MS-DOS보다 '윈도'와 같이 아이콘, 작업창 등을 화면으로 보여주는 유저 인터페이스를 GUI(Graphic user interface)라고 부르기도 한다.

자원 관리	• 파일 시스템 기능을 통해 파일을 관리하고 디스크 관리 기능을 통해 보조 기억 장치를 관리 • 컴퓨터 자료를 모두 파일이라는 형태로 저장 • 다양한 종류의 파일을 확장자를 사용하여 구분 • 관련 있는 파일을 모아서 디렉터리(폴더)에 보관 • 파일 시스템 기능(디렉터리 생성, 복사, 이동, 검색, 삭제 등) • 디스크 관리 기능(포맷, 정리, 조각 모음 등)

애플리케이션(Application Software)은 응용프로그램이라고 하는데, 어떤 작업을 위해 특별히 제작된 소프트웨어를 뜻한다. 예를 들어 웹(WWW) 검색을 할 때 '인터넷 익스플로러', '크롬', '파이어폭스' 능을 늘 수 있으며 문서 작업을 위해서 '한글', 'MS Word' 등도 해당하며 그래픽 작업할 때 사용되는 '포토샵', 바이러스 퇴치 프로그램인 'V3' 등이 애플리케이션이다.

이러한 애플리케이션은 O/S가 포함되어 제공되는 것도 있고, 그렇지 않은 것도 있다. 프리웨어, 셰어웨어 등은 권한 없이 내려받아 사용할 수 있다.

2) 이더넷(Ethernet) 어댑터와 드라이버

인터넷을 사용하려면 '랜카드(LAN Card)'라고 부르는 이더넷 어댑터가 설치되어 있어야 한다. '이더넷'은 프레임 기반으로 데이터를 주고받는 컴퓨터 네트워크 기술이며 현재 광범위하게 쓰인다. 1972년 실험적 Ethernet(당시에는 coaxial cable– 동축케이블이라는 TV 케이블 같은 것을 이용한 2.94Mbit의 속도를 가진 것)을 시작으로 이더넷 II를 거쳐 1983년에 IEEE 802.3으로 표준화되어 현재까지 다양한 성능 개선을 겪고 있는 기술표준의 하나이다.

이더넷의 'Ether'는 물리학에서 빛이 이동하는 매체로서 공간을 채운 가상의 물질이라고 한다. 이더넷은 컴퓨터 네트워킹의 낮은 단계인 '물리적 계층'에 속하는 것으로서, 컴퓨터가 사용하는 디지털 신호를 전선을 통하여(물론 광섬유 또는 무선신호 포함) 상대방에게 어떻게 전달할지에 관한 기술이라는 점에서 물리학에서의 'Ether'라는 말을 네트워크 사이마다 존재하는 가상의 매개물이라는 의미로 연상된다.

또한, 노트북을 사용한다면 'IEEE 802.11g'라든지, 'IEEE802.11b' 같은 무선인터넷 관련 용어를 듣고 사용한 적이 있을 것이다. 이것은 정확한 말로 하면 '무선 이더넷 표준'이라 하고 상업적으로 'Wi-Fi'라고 알려져 있는데 '와이파이 얼라이언스'의 상표 중 하나이다.

IEEE(아이 트리플-이)는 미국전기전자학회(Institute of Electrical and Electronics Engineers)라는 비영리단체의 이름이며, 미국에서 시작된 모임으로 현재 전 세계 기술 전문가들의 모임이며 그 하부조직인 IEEE 802 위원회는 LAN에 관련된 기술들을 표준화하는 활동을 하고 있다. 그래서 우리가 '랜카드'라고 부르는 장비는 IEEE 802.3(유선) 또는 IEEE 802.11(무선)의 표준 기술을 적용한 장비라는 것이다.

일단 이더넷 장비를 컴퓨터의 메인보드에 부착하였으면 이제 드라이버를 설치해야 한다. 랜카드뿐만 아니라 모든 장비에는 '드라이버'라는 소프트웨어가 필요하다. 드라이버(Driver)는 운전사, 마부 같은 의미인데, O/S에 부착하여 물리적으로 연결된 하드웨어들이 중앙처리부와 소통할 수 있게 만들어주는 프로그램이다. 이 이더넷 어댑터 드라이버 프로그램의 활동은 뒤에 패킷의 처리 과정을 다루면서 설명한다. 드라이버가 없어도 대부분의 LAN 드라이버는 윈도에 기본적으로 탑재되어 있어 연결만 하면 작동한다.

3) 인터넷(Internet)

이더넷을 설치하여 허브 또는 스위치, 라우터 등을 통해 내 컴퓨터 밖에 있는 최대 리소스인 인터넷에 접속할 수 있다. 인터넷은 영어 대문자 'I'를 써서 'the Internet'이라고 표기하며 고유 명사로서 인터넷이라는 사물을 뜻한다.

흔히, 인터넷을 '네트워크의 네트워크' 또는 '스케일 프리(Scale free) 네트워크'라고 부르며 누군가가 통제하는 '중앙'이 없으며 크기도 가늠할 수 없다.

학계, 정부, 산업계, 비영리 기관 또는 개인 누구든지 자발적으로 네트워크에 연결할 수 있으며, 주요 도시나 국가별로 인터넷 교환점(Internet Exchange Points, IXP)과 같은 물리적인 회선들이 제공되어 ISP 간에 인터넷 패킷을 고속으로 교환할 수 있게 된 것도 순전히 자발적으로 구축된 인프라들이다.

인터넷(Internet)은 인터넷 프로토콜(Internet Protocol, IP)이라는 표준 통신규약을 바탕으로 전 세계적으로 자유롭게 접속된 네트워크 자원 간에 데이터를 패킷으로 주고받는 컴퓨터 네트워크를 말하고 있다.

4) IP주소와 도메인 네임

2003년 1월 25일 '슬래머 웜'에 감염된 좀비 PC들이 대량의 데이터를 만들어 KT 혜화전화국의 DNS 서버를 공격하면서 대란이 시작되었다. 이 전화국의 DNS 서버 및 다른 서버들까지 마비되자 트래픽이 백본망으로 우회하기 시작했고 결국 다른 지역의 서버도 줄줄이 마비됐다. 대란의 여파로 당시 인터넷을 통한 전자거래, 금융, 예약 서비스가 전면 중지되면서 국민이 혼란에 빠졌다.

당시, DNS 서버가 마비되어 일반 사용자는 인터넷 접속을 할 수 없게 되었다고 한다. 하지만, 이때 DNS 서버를 통하지 않고 상대방의 IP주소로 접속했을 경우 정상적으로 인터넷을 사용하였다고 한다.

인터넷을 통하여 쌍방향의 통신이 가능한 컴퓨터를 '호스트 컴퓨터 (Host Computer)'라고 한다. 호스트 컴퓨터는 서로 통신하기 위해서는 자신의 이름과 주소 그리고 상대방 컴퓨터의 이름과 주소가 필요하며 인터넷상에서 사용할 수 있는 유일한 고유번호를 부여받게 된다.

이 고유번호는 숫자로 이루어져 있으며 인터넷에 연결된 호스트 컴퓨터는 각기 다른 번호를 부여받아 사용 중이며 부여받은 전 세계에 하나뿐이다. 우리가 사용하는 전화번호 또는 주소와 마찬가지로 같은 게 없는 것처럼 말이다.

이처럼, 호스트 컴퓨터들도 고유한 번호를 부여받아 사용하며 일종의 전화번호라고 볼 수도 있고 주소라고 볼 수 있다. 중요한 것은 인터넷에 연결된 수백만 대의 호스트 컴퓨터 중에서 하나뿐인 번호를 가진다는 것이다.

IP주소란 인터넷 규약으로 정해진 방식의 주소(Internet Protocol Address)라는 뜻이다. 하지만, 숫자로 된 IP주소를 외우지 못하거나 오기로 인하여 접속할 수 없다는 단점으로 쉽게 찾을 수 있는 '도메인 네임'을 혼용하고 있다.

예를 들어 우리가 자주 접속하는 '네이버' 사이트의 IP주소는 '210.89.164.90'이지만 네이버 이외 다른 사이트의 주소를 이런 식으로 외우기에는 무리가 있다. 따라서, 네이버는 숫자보다는 외우기 쉬운 'www.naver.com'란 이름으로 접속할 수 있도록 하고 있다. 이때 'naver.com'이 도메인 주소가 되는 것이다.

실제 인터넷 웹브라우저 주소창에 '210.89.164.90'을 입력하면
네이버에 접속된다.

인터넷의 IP주소는 미국이 주도적으로 관리하며 ICANN
(Internet Corporation for Assigned Names and Numbers)이라는 기관에서
정책을 맡아 운영하고 있으며 전 세계의 IP주소(IPv4, IPv6)를 대륙별
로 나누어 주는 역할과 도메인 이름(Domain Name)을 지정해주고 있
다. 현재, IP주소는 'IPv4(Internet Protocol Version 4)', 'IPv6(Internet
Protocol Version 6)'와 같이 2가지 형식을 같이 사용하고 있다.
IPv4는 현재 인터넷 및 TCP/IP 네트워크에서 활용하는 IP주소

체계이며, IPv6는 IPv4의 IP주소 부족 및 보안 문제를 해결하기 위해 나온 차세대 IP 표준이다. IPv4의 주소체계는 총 4byte(32bit)로 표시한다.

하나의 IP주소는 크게 네트워크 주소와 컴퓨터 주소로 나눌 수 있으며 네트워크의 크기나 호스트 컴퓨터의 수에 따라 클래스(Class) A·B·C·D·E 등급으로 나눌 수 있다. 보통의 경우 클래스 A·B·C를 일반 사용자가 사용한다.

32bit(4byte) IP주소라는 것은 bit(0 또는 1) 숫자가 32개로 구성된 2진수를 말하며 실제 IP는 2진수 32개를 10진수로 바꾼 숫자로 사용한다.

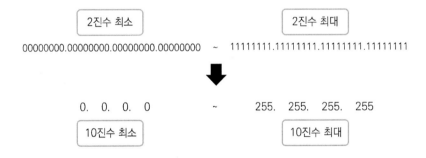

이와 같은 IP주소 체계를 IPv4라고 하는데, 이론적으로 2^{32}(숫자 0도 개수에 포함)인 약 43억 개의 호스트를 부여할 수 있는 숫자이다. 근데 인터넷 탄생기에는 충분하다고 고려했지만, 지금은 인터넷이 가능한 단말기가 증가하여 주소가 고갈되었다. 이에 따라 IP주소를 늘리기 위한 여러 가지 방법이 나오다가 결국 128bit 주소체계인 IPv6가 1994년 채택되었다.

IPv6는 IPv4의 단점을 개선하기 위해 개발된 새로운 IP주소 체계이며 차세대 인터넷 통신규약이라는 뜻에서 IPng(IP next generation)

라고도 한다.

기존의 IPv4는 32bit 주소체계, 즉 2^{32}인 42억 개의 주소를 가지
며 A · B · C · D · E 클래스로 주소를 할당한다면 IPv6는 128bit 주소체
계, 즉 2^{128}인 약 3.4×10^{38}개의 주소를 가지게 된다.

IP주소 길이가 128bit로 늘어나면서 기하급수적으로 증가하는
인터넷 사용에 대비하고 네트워크 속도 증가, 특정한 패킷 인식을
통한 높은 품질의 서비스 제공, 헤더 확장을 통한 패킷 출처 인증과
데이터 무결성 및 비밀 보장 등의 장점이 있다.

주소의 형식은 일반적으로 16bit 단위로 나누어지며 각 16bit 블
록은 다시 4자리 16진수로 변환되고 콜론으로 구분된다.

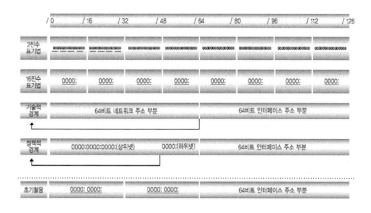

출처: KISA(한국인터넷정보센터)

■ IPv4주소 및 IPv6주소 비교

구분	IPv4	IPv6
주소길이	32비트	128비트
표시방법	8비트씩 4부분으로 10진수로 표시 예) 202.30.64.22	16비트씩 8부분으로 16진수로 표시 예) 2001:0230:abcd:ffff:0000:0000:ffff:1111
주소개수	약 43억개	약 43억×43억×43억×43억개
주소할당	A, B, C 등 클래스 단위의 비순차적 할당	네트워크 규모 및 단말기 수에 따른 순차적 할당
품질제어	지원 수단 없음	등급별, 서비스별로 패킷을 구분할 수 있어 품질보장이 용이
보안기능	IPsec 프로토콜 별도 설치	확장기능에서 기본으로 제공
플러그 앤드 플레이	지원 수단 없음	지원 수단 있음
모바일IP	상단히 곤란	용이
멀캐스팅	곤란	용이

출처: KISA(한국인터넷정보센터)

■ IPv6주소 구분

주소 유형	이진표현	IPv6 주소 표기	비고
미지정 주소	0000...0(128)	::/128	IP주소 미설정 상태의 발신주소
루프백 주소	0000...1(128)	::1/128	호스트의 loopback 인터페이스 주소
멀티캐스트 주소	11111111	FF00::/8	멀티캐스트 IPv6 주소
링크 로컬 주소	1111111010	FE80::/10	Link local 영역에서만 적용되는 주소
전역 유니캐스트 주소			이외 모든 영역

■ IPv4주소 및 IPv6주소 체계 대응 관계

구분	IPv4주소	IPv6주소
멀티캐스트 주소	224.0.0.0/4(D class)	FF00::/8
브로드캐스트 주소	255.255.255.255 또는 호스트 주소의 모든 bit가 1인 경우	해당 주소 없음
미지정 주소	0.0.0.0/32	::/128
루프백 주소	127.0.0.1	::1/128
공인 IP주소	공인 IP 주소	Global Unicast Address
사설 IP주소	10.0.0.0/8 172.16.0.0/12 192.168.0.0/16	해당 주소 없음
링크 로컬 주소	169.254.0.0/16	FE80::/64

우리나라는 APNIC(아시아-태평양 지역)에 소속되어 IP 대역들을 배분받고, KRNIC은 국내 대규모 할당 기관 또는 ISP별로 다시 IP 주소를 할당한다. 우체국에 가면 우편 번호부를 검색해 볼 수 있듯이 KRNIC에 문의하면 해당 IP주소를 누구에게 배정해 줬는지 알 수 있다.

인터넷 주소창에 http://whois.nic.or.kr/ '후이즈 검색(WHOIS Lookup)'을 통해서 확인할 수 있으며 해당 IP주소 자원이 어디에 할당되어 있는지를 알 수 있는 가장 기초가 된다. 만약 KRNIC에서 관장하는 주소가 아닌 경우 해당 대륙의 후이즈 조회 사이트를 알려주므로 외국 IP도 국내와 같은 수준의 IP 배당 정보를 조회할 수 있다.

후이즈 검색의 또 다른 중요한 기능은 현재 등록된 '도메인 네임'에 대한 데이터베이스를 조회하는 것이다. 만약 어떤 웹 서비스에 대하여 사이트 운영자가 누구인지를 알고 싶다면 '후이즈 조회'를 하여 해당 도메인을 등록한 사람을 확인할 수 있다. 아래는 경찰청 'police.go.kr'을 검색해 봤다.

WHOIS 조회

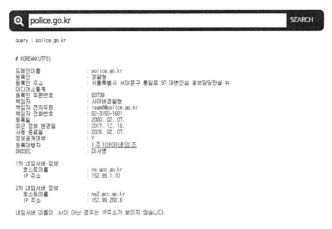

⟨WHOIS 도메인 네임 검색화면의 예⟩

- 'police.go.kr'에 대한 query(데이터베이스 검색 요청)에 대하여,
- 등록인 이름, 주소 등 정보를 알려주며,
- '(주)아이네임즈'라는 등록 대행 회사에 등록한 것을 알 수 있다.
- 'gcc.go.kr'라는 도메인 네임에 대한 IP주소 정보를 가지고 있는데 해당 도메인 네임은 '전자정부 지원센터'로 확인되었고, 별도의 DNS 서버를 가지고 있음을 알 수 있다.

3) 패킷(Packet)

앞서 패킷을 설명하면서 '묶음'이라고 표현하였는데, 가령 연필 1더즌(Dozen)은 연필 12개가 들어 있는 묶음의 단위이다. 네트워크에서 분할 없이 데이터를 보낼 수 있는 최대 크기의 값을 MTU(Maximum Transmission Unit)라고 하며 일반적으로 1,500bit이고 그 이상이라면 여러 개의 패킷을 분할 할 수 있다. 하지만, 라우터나 스위치 등 네트워크 장비에서 따로 세팅하여 데이터 송신 효율을 조절할 수 있다.

패킷의 처리 과정을 쉽게 이해하기 위해서 편지를 대상으로 설명하고 있는데 이는 인터넷의 패킷 교환형 통신 방법의 모델이 우편물이기 때문이다. 먼저, 편지를 썼다면 편지지를 봉투에 넣어 편지 내용이 보이지 않도록 붙인다. 그리고 우체국에서 분류하기 쉽도록 좌측 위에 보내는 사람의 주소, 우편번호, 이름 등을 쓰고(반송되었을 경우 다시 돌아오는 주소로 활용) 받을 사람의 정보는 우측 아래에 쓴다. 그러고는 우체국에 가서 일반우편, 등기우편 등 몇 가지 정해진 배송 방법의 하나를 선택하여 비용을 지불하고 우편물을 접수하거나 우편함에 넣으면 우체국 직원들이 편지를 상대방에게 전달한다.

그럼 인터넷에서 패킷은 어떻게 전송되는지 살펴보자.

첫 번째, 보낼 데이터를 준비한다.

애플리케이션마다 다양한 형식과 내용의 데이터가 존재하는데 HTTP 데이터, FTP 데이터, 이메일 등이 해당한다.

전송하는 데이터의 내용은 목적지에 도착했을 때 상대방 컴퓨터에서 돌아가고 있는 애플리케이션에 전달되기 때문에 다양한 형식일 수밖에 없으며 때로는 보안을 위하여 암호화하기도 한다. 그리고 전달자인 TCP/IP나 이더넷은 데이터를 포장하여 전달만 담당하므로 내용에는 관심이 없다.

두 번째, 데이터에 보낸 사람의 흔적을 남긴다.

만약 데이터가 상대방 컴퓨터의 랜카드로 전달되었을 때, 컴퓨터는 이것을 서버 측 애플리케이션이나 클라이언트 측 애플리케이션에 전달할지 표시해야 한다.

예를 들어 사용자가 2개의 웹브라우저를 열어 인터넷 서핑을

한다면 랜카드는 전달받은 패킷을 어느 창에 보여주어야 할지를 결정해야 한다. 만약, 올바르게 전달하지 않았다면 클릭한 결과 엉뚱한 웹브라우저 창에 나타날 것이다.

웹브라우저로 보내야 할 데이터를 카카오톡 혹은 사용 중인 메신저로 보낸다면 웹브라우저가 아닌 애플리케이션에서는 올바르게 처리할 수 없는 것은 당연하다.

이러한 역할을 TCP가 담당하며, 논리적으로 만들어 포트에 번호를 매겨 패킷에 기록하여 포장하는데, 이러한 포장을 TCP 헤더라고 부른다. TCP는 헤더를 만드는 것과 별도로 컴퓨터 O/S를 이용하여 '소켓'이라는 일종의 메모리를 가동하여 현재 통신이 이루어지고 있는 통신이 어느 애플리케이션에서 온 것인지 등의 프로세스 번호를 기억해 둔다.

세 번째, 상대방 컴퓨터의 주소를 적는다.

TCP 헤더를 만들고 소켓, 즉 메모리를 열었다면 TCP 소프트웨어는 패킷을 IP 소프트웨어에 전달한다. 인터넷의 목적지를 식별할 때 IP주소를 사용되는데, IP 소프트웨어는 TCP 헤더 앞에 IP주소를 붙여 새로운 포장을 한다.

이것을 IP 헤더라고 부르며 IP 헤더까지가 인터넷 세상을 여행하는 패킷의 실체이다. IP 헤더에 추가로 이더넷 헤더가 붙는데 이것은 통신장비 간에 중계를 위하여 존재하는 태그(Tag, 꼬리표)와 같은 것으로 붙었다가도 떨어지곤 한다.

네 번째, 인접 장비에 패킷을 발송한다.

인터넷에는 우체국 대신에 많은 전달자가 존재한다. 이러한 전달자를 이더넷이라고 부른다. 패킷은 네트워크의 게이트웨이(Gateway:

대문) 장비를 통해 네트워크 밖으로 전달되는데 게이트웨이도 이더 넷 장비 중 하나이다.

이러한 장비들은 거미줄처럼 무한히 연결되어 인터넷 패킷의 전달자 역할을 하고 있다. 이러한 단계에서 사용되는 주소가 MAC 주소이다.

다섯 번째, 패킷 포장을 푼다.

패킷을 수신한 컴퓨터 랜카드는 패킷을 역순으로 풀어 해당 애플리케이션에 전달한다. 이러한 네트워크의 통신 과정을 'OSI 7 Layer', 'TCP/IP Protocol'이라 한다.

OSI 7 Layer Model		TCP/IP 4 Layer Model	
Data	Application Network Process to Application	Layer 4	응용 계층 (Application Layer)
Data	Presentation Data representation and Encryption		
Data	Session Interhost communication		
Segments	Tranport End to End connections and Reliablility	Layer 3	전송 계층 (Transport Layer)
Packets	Network Path Determination and IP(Logical addressing)	Layer 2	인터넷 계층 (Internet Layer)
Frames	Data Link MAC and LLC(Physical addressing)	Layer 1	네트워크 엑세스 (Network Access Layer)
Bits	Physical Media, Signal and Binary Transmission		

TCP 패킷의 구조

사실상 우리는 웹브라우저로 패킷을 만들어 전송하는 일을 끊임없이 반복해왔다. 주소창에 'www.naver.com'을 치는 일이라든지, 아니면 웹상에서 연결된 하이퍼텍스트를 클릭하는 행위는 보여 달라는 메시지를 만들어 네트워크로 내보내는 행위를 의미한다. 이때 아이퍼텍스트를 클릭하거나 주소창에 주소를 입력하고 엔터키를 누르는 것은 '이것을 내 인터넷 창으로 보내 달라'라는 의미이므로 '리퀘스트(Request, 요구)' 패킷을 만들어 인터넷에 실어 보내는 행위를 하는 것이다. 클라이언트 측으로부터 리퀘스트 패킷을 받은 서버는 요구하는 항목이 있는지 확인하고 해당 페이지를 '패킷화'하여 보내준다.

www.police.go.kr 홈페이지를 검색하는 일을 예로 들어 패킷의 처리 과정을 살펴보자.

주소창에 URL을 바로 입력할 수도 있겠지만, google, 네이버, 다음 검색으로 나타나는 하이퍼텍스트를 클릭함으로써 HTTP 리퀘스트를 만들 수 있다. 이때 리퀘스트 패킷의 내용은 'www.police.go.kr의 홈페이지를 보여 달라'이다.

클릭 또는 URL을 받은 웹브라우저는 목적지가 www.police. go.kr임을 알고 DNS 서버에 목적지의 IP주소를 문의한다.

여기서, DNS 서버에 문의하는 활동은 웹브라우저가 '리졸버(resolver: 번역사, 해결사라는 의미)'라는 프로그램을 호출함으로써 이루어진다.

리졸버는 DNS에 문의하여 얻어진 IP주소를 TCP/IP 소프트웨어에 전달한다.

TCP/IP는 O/S에 포함된 소프트웨어의 하나인데, TCP는 상대방 컴퓨터와 세션을 맺고 끊는 역할을 담당하고, IP는 목적지의 경로를 설정하는 역할을 한다.

다시 말해 TCP는 내가 사용하는 '웹브라우저 창'과 상대방 서버의 '웹 서버 프로그램' 간에 길을 만들고 IP는 상대방을 찾아가는 네비게이션과 같다고 할 수 있다.

여기서 길이란 논리적인 가상의 길이다.

참고로 '포트(port)'는 '항구'라는 의미에 착안하였으며, 애플리케이션마다 정해진 번호가 있는데 예를 들어 '웹브라우저'는 80번 포트를 사용하기로 약속되어 있다. 상대방 서버도 TCP를 사용하는 이상 '포트 번호'를 가지고 있으며, 이를 서로 주고받으면서 길을 내는 것이다.

세션이 수락되고 연결되면 TCP가 특정 메모리에 저장되어 관리하고 다음번 패킷이 도착했을 때 어느 애플리케이션에 전달할지 판단한다.

현재 TCP 통신 내용을 한눈에 확인하기 위해서는 메모리 내용을 보면 알 수
있다.

---

netstat -ano

- a: 세션 성립(ESTABLISHED) 및 접속 대기(LISTENING) 상태 전부
  표시
- n: 주소, 포트 번호를 순서대로 표시
- o: PID(Process ID) 표시

위 그림은 TCP 세션 정보를 확인하기 위한 창이다.

- Protocol은 TCP, UDP 등의 프로토콜을 나타낸다.
- Local Address는 내 컴퓨터의 "IP주소: 포트 번호"이다.
- Foreign Address(외부주소)는 상대방 컴퓨터의 "IP주소: 포트 번호"이다.
- State는 TCP 연결 상태로서 통신 중이면 ESTABLISHED로 표시된다.
- PID는 현재 O/S가 처리 중인 프로그램들의 식별번호들이다.

예를 들어 위 화면은 '네이버'에 접속 중이므로 나의 컴퓨터 '10.211.55.6'는 '65071' 포트 번호를 이용하여 네이버 서버 '210.89.172.84'에 접속하였고 상대방은 '443' 포트 번호를 사용 중이고 PID는 6530이라는 의미이다.

Chapter

02

사이버 수사
활동

제1절　초동수사

　초동수사는 최초 범죄 현장과 그 주변 및 범죄 현장에서 얻은 수사 단서를 이용한 초기의 수사 활동으로서 향후 수사의 방향을 설정한다는 의미에서 모든 범죄 수사에서 가장 중요한 부분이다.

　사이버 범죄의 수사에서는 현장 수사 이전에 IP주소나 도메인 주소 등에 대한 기본적인 정보를 수집하는 과정이 필요하므로 편의상 초동수사와 현장수사를 구분한다.

　사이버 범죄 수사에서 담당 수사관이 가장 먼저 해야 할 일은 바로 피해자나 피의자가 사용한 IP주소를 찾아 수사의 단서를 확보하는 것이다. 예를 들어 물품 사기 사건과 관련하여 판매 글을 올린 자의 인적사항 및 정보, 게시글을 작성한 장소의 IP주소를 특정해야 한다.

　사이버 범죄에서 IP주소에 대한 정보를 신속하게 확보하는 것이 중요한 이유는 바로 IP주소가 포함된 접속기록의 보존 기간이 무한하지 않다는 이유에서이다.

　국내 대부분의 인터넷 서비스 제공업체(ISP, Internet Service

Provider)들은 과거 3개월간의 접속기록을 보관하고 있으므로 수사가 시작되면 신속하게 IP주소를 확보해야 한다.

가장 일반적인 IP주소 확인 방법은 피의자의 범행으로 피해를 본 컴퓨터나 물품 사기, 명예훼손 등 범행과 관련된 내용이 게시된 인터넷 게시판의 관리자와 연락을 하여 필요한 접속기록 파일을 제출받는 것이다.

피해자가 직접 피해를 본 컴퓨터의 접속기록 파일에 접근할 수 있는 권한이 있거나 피의자의 IP주소를 알고 있는 때도 있지만 피해자가 알려준 인터넷주소 등을 이용하여 담당 수사관이 해당 관리자를 찾아야 하는 경우가 대부분이다.

사이버 범죄를 초기에 효과적으로 수사하기 위해서는 사이버 공간을 이루는 근간인 IP주소와 도메인 주소 등에 대한 기본적인 이해가 필수적이다.

1. 도메인 주소의 조사

인터넷에서 사이트를 특정하는 데 사용되는 기본적인 정보는 IP주소지만 대부분은 도메인 주소를 사용해서 접속한다. 숫자로 이루어진 IP주소보다 문자나 단어로 구성된 도메인 주소가 의미 전달이 쉽고 기억하기에도 쉬우므로 도메인 주소를 사용한다.

도메인 주소는 국제 도메인과 국내 도메인으로 구분되는데 '.com', '.net', '.org'로 끝나는 도메인 주소가 국제 도메인이고, 우리나라를 의미하는 '.kr'로 끝나는 도메인 주소가 국내 도메인 주소이다.

도메인 정보는 '한국인터넷정보센터(KRNIC, Korea Network Information Center)' 홈페이지에서 제공하는 '후이즈(http://whois.nic.or.kr)' 검색을 통

하면 확인할 수 있다.

도메인 앞에는 www, mail, ftp 등 호스트 명을 부여하여 '서브도메인' 형태로 사용할 수 있다. 예를 들어 'police.go.kr'라는 도메인 주소의 경우 'www.police.go.kr', 'mail.police.go.kr', 'ftp.police.go.kr' 등을 말하는데, 도메인 등록인이 임의로 생성하여 사용할 수 있다.

도메인 주소에 대한 '후이즈' 검색을 통해서 해당 도메인의 등록인, 등록인 주소, 책임자 연락처 및 등록일 등에 대한 정보와 '공인 KR 도메인 사업자' 정보도 확인할 수 있는데, 보통 도메인 등록 대행업체 정보가 기록되어 있다.

'후이즈' 검색 결과에 나온 등록인의 연락처가 분명하지 않으면 도메인 등록 대행업체를 통해서 도메인 등록인의 연락처를 확인할 수 있다.

도메인 주소는 등록할 때에 등록인이 사용하는 E-mail 주소를 통해 해당 도메인 주소에 대한 권한을 인증하므로 E-mail 주소 외에는 등록자가 임의의 정보를 입력하여 등록하여도 도메인 주소의 사용 권한과는 별다른 문제가 발생하지 않기 때문에 허위 정보를 입력해 도메인을 등록하는 예도 있으며 범죄를 목적으로 도메인 주소를 등록하는 경우에는 타인의 명의를 도용하는 예도 있다.

이런 경우에는 도메인 주소의 등록정보를 확인하는 것보다는 도메인 주소와 연결된 실제 IP주소를 확인하여 IP주소의 사용자를 확인하는 것이 필요하다.

도메인 주소의 IP주소 변환

윈도즈 운영체제의 경우 '명령 창'에서 nslookup 명령어를 실행시키면 간단하게 IP주소를 확인할 수 있다.

아래 그림과 같이 'www.police.go.kr'의 IP주소는 '116.67.83.27'로 확인된다. 하지만, 도메인 주소의 등록자에 의해서 변경할 수 있으므로 수사 과정에서 변경될 수 있다는 사실을 염두에 두고 수사하여야 하며 미리 그 내용을 출력하여 보고서 등을 작성하는 것도 하나의 방법에 해당한다.

2. IP주소에 대한 초동수사

IP주소는 인터넷 프로토콜(TCP/IP)을 사용하여 통신할 경우 송신자와 수신자를 구별하기 위한 주소로서 인터넷에 연결된 모든 통신망과 그 통신망에 연결된 컴퓨터에 부여되는 고유의 식별 주소를 의미하며, 내부적으로 32bit(4byte)로 기억되지만 표기할 때에는 4개의 10진수를 점(.)으로 구분하여 표시한다.

IP주소에 대해 수사하기 위해서는 먼저 IP주소의 구성 체계에 대한 이해가 필수적이다.

전 세계적으로 IP주소에 대한 할당은 IANA(Internet Assigned Numbers Authority, www.iana.org)에서 관리한다. 그러나 실질적으로는 IP주소의 할당 업무를 R.I.R.(Regional Internet Registry)라는 지역별 기관에 위임되어 있는데 아시아/태평양 지역을 담당하는 APNIC(Asia Pacific Network Information Center), 북아메리카/사하라－아프리카 지역을 담당하는 ARIN(American Registry for Internet Numbers), 라틴아메리카와 카리브해 지역을 담당하는 LACNIC(Regional Latin American and Caribbean IP Address Registry), 유럽, 중동, 중앙 및 아프리카 지역을 담당하는 RIPE(Reseaux IP Europeans)로 구분되어 있다.

우리나라의 경우 1996년부터 한국인터넷정보센터(한국인터넷진흥원의 전신)가 인터넷주소 자원 관리기관으로 아·태지역 인터넷주소 자원 관리기관인 APNIC으로부터 IP주소/AS 번호를 확보하여 국내 IP주소 관리대행자(인터넷 접속 서비스제공자) 또는 독자적인 네트워크를 운영하는 일반기관(독립사용자) 등에 할당한다. 2004년 1월 「인터넷주소 자원에 관한 법률」이 제정되면서, 같은 법 제2조 제3호의 규정에 따라 한국인터넷진흥원이 '인터넷주소 관리기관'으로 지정되었으며, 국내 IP주소/AS 번호의 할당에 관한 업무를 수행하고 있다.

국내 IP주소는 모두 'KRNIC'이 'APNIC'으로부터 할당받아 관리하는 것으로 표현되었으나 그렇지 않은 경우도 많다. 인터넷이 국내에서 일반인들에게 사용되기 전에는 'KRNIC'이 지금처럼 국내 IP주소의 할당 및 관리 업무를 담당하지 않았었기 때문에 일부 국내 대학, 연구소와 정부 기관 등에서는 'APNIC'으로부터 직업 IP주소를 할당받아 사용하였고 이러한 IP주소 중 일부가 아직도 'KRNIC'에 등록되어 있지 않은 것이 있으므로 이러한 IP주소에 대해서 KRNIC에 후이즈 조회를 하더라도 국내에서 사용되는 IP주소가 아니라고 표시

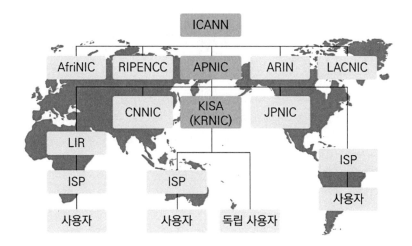

된다. 이런 경우에는 APNIC의 후이즈를 통해 검색하여 정확한 국내 사용기관을 확인하여야 한다.

 IP주소 등록정보 확인

우리나라에서 사용되는 IP주소에 대한 정보는 한국인터넷정보센터(KRNIC)에서 제공하는 후이즈 검색을 통해서 확인할 수 있다. (http://whois.nic.or.kr)
KRNIC에서 제공하는 whois 검색을 통해서 IP주소의 할당 정보를 확인하는 화면이다. 일반적으로 IP주소는 블록 단위로 할당되므로 해당 IP주소의 최종 사용자를 확인하기 위해서는 IP주소의 관리자에게 문의해야 한다.
이때, IP주소의 관리자가 KT, SK텔레콤, LGU+ 등과 같이 '인터넷 서비스 제공업체(ISP, Internet Service Provider)'로 되어 있으면 해당 사업자에게 통신자료제공요청서를 보내야 한다.

3. 도메인 주소와 IP주소의 관계

인터넷 통신을 위해서는 IP주소가 필요하지만, 숫자와 점으로 이루어져 있어서 의미 전달이 쉽지 않고 기억하기도 어렵다. 이러한 단점을 극복하기 위해서 고안된 것이 바로 도메인 주소로서 인터넷을 편리하게 사용할 수 있도록 해준다.

도메인 주소를 사용하기 위해서는 도메인을 등록하는 것 외에 도메인 서버를 운영하는 것이 필요. 인터넷에서 특정 도메인 주소를 입력하게 되면 이를 특정 IP주소로 바꿔주는 작업이 필요한데 이러한 임무를 수행하는 것이 바로 도메인 서버이다. 도메인 서버는 도메인 등록자가 임의로 설정할 수도 있고 도메인 등록 대행업체에서 제공하는 도메인 서버를 사용할 수도 있다.

하나의 IP주소에 반드시 하나의 도메인 주소가 부여되는 것은 아니다. 즉, 하나의 IP주소에 여러 개 또는 수십 개의 도메인 주소가 부여될 수도 있으며 하나의 도메인에 여러 개 또는 수십 개의 IP가 부여될 수도 있다.

도메인 주소나 IP주소를 이용해 관리자나 사용자를 찾는 작업은 신중하게 해야 하며 잘못된 정보로 인하여 수사에 혼선을 줄 수도 있으므로 주의해야 한다.

수사 실무상 KT, SK텔레콤 등 대형 ISP에 IP주소의 사용자를 조회하는 경우에 대상 IP주소가 ISP에서 운영하는 '인터넷 데이터 센터(IDC, Internet Data Center)'에서 사용되거나 대형 인터넷업체에서 사용되는 경우에는 사용자 조회가 불가능하다는 회신을 받는 경우도 간혹 있다. 이런 경우에는 서류만으로 확인의 한계가 있기 때문에 실제 직접 담당자와 만나거나 전화 통화하여 IDC 등에서 사용되는 IP주소가 아닌지 등을 확인해야 한다.

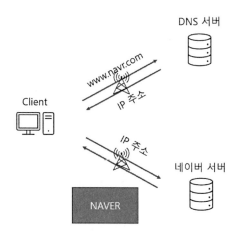

도메인 주소의 IP주소 변환과정

DNS 서버

www.navr.com

Client

IP 주소

IP 주소

네이버 서버

NAVER

4. 접속기록 보존을 위한 조치

초동수사 단계에서 도메인 또는 IP주소를 조회 등으로 피해당한 컴퓨터 또는 사이트 운영자를 확인하여 수사에 활용할 수 있는 접속기록 등을 보존할 수 있도록 사전에 조처해야 한다.

대부분의 홈페이지 운영자나 서버 관리자들은 피해가 발생하면 피해 복구에 몰두한 나머지 피해당한 컴퓨터의 운영체제를 재설치하거나 악성코드 삭제 등 일련의 복구 작업을 수행하게 되는데, 이때 중요한 수사 단서가 될 수 있는 접속기록 파일들이 삭제될 수 있으므로 피해 현장 도착 후 신속하게 접속기록을 확보해야 한다.

제2절   현장 수사

1. 현장 수사의 의의

현실 공간에서 발생하는 오프라인 범죄의 경우 반드시 피해 발생 현장 또는 범죄 현장이 존재하며 이러한 현장에 대한 수사가 초동수사의 중요한 부분을 차지하는 것처럼 사이버 범죄 수사에서도 현장 수사는 매우 중요하다.

사이버 공간이라는 가상의 공간에서 발생하는 범죄이므로 엄밀한 의미에서 피해 발생 현장이나 범행 현장은 물리적으로는 존재하지 않지만, 편의상 피해를 본 컴퓨터나 범행에 사용된 컴퓨터가 위치하는 장소로 이해할 수 있다.

오프라인 범죄의 경우 피해 발생 현장과 범행 현장이 대부분 물리적으로 일치하게 되지만 사이버 범죄의 경우 피해자와 범인이 인터넷 등 네트워크를 통하여 접촉하고 원격지에 있는 컴퓨터에 피해를 주는 등 피해 발생 현장과 범행 현장이 물리적으로 일치하지 않는다.

사이버 범죄의 현장 수사란 피해를 본 컴퓨터에 대한 수사 또는 범행에 사용된 컴퓨터에 대한 수사로 이해해야 하며 오프라인 범죄의 수사와 같이 반드시 관련된 컴퓨터가 소재한 장소에서 수사를 진행되어야 하는 것은 아니다. 예를 들어 포털사이트의 자유게시판에서 발생한 명예훼손 사건 또는 중고물품 판매 카페 등에서 발생한 사기 사건의 경우 현장 수사를 위해서 수사관이 포털사이트의 서버가 위치한 IDC에 진출하여 수사하는 것이 아니라 관리자에게 연락하거나 영장 등 공문을 이용하여 수사에 필요한 게시판 또는 웹 서버 접속기록, 가입자 인적사항, 접속 IP주소 등을 제출받아 수사한다.

인터넷 홈페이지 해킹 사건이 발생하여 피해 발생 당시의 상태가 그대로 보존되어 있다면 관련 분야에 대한 전문지식을 갖춘 수사관이 현장에 진출하여 관리자 등의 협조를 받아 필요한 수사 단서를 직접 수집해야 한다.

피해 발생 이후 관리자가 시스템을 재설치하거나 관련된 접속기록 파일을 확보하여 보관 중이라면 담당 수사관은 현장에 진출하거나 인터넷을 통한 원격접속으로 피해 컴퓨터를 조사하거나 관리자로부터 자료를 제출받는 것도 가능하다.

2. 현장 수사 실무

일반 범죄의 수사에서 범죄 현장이나 피해 현장을 수사할 경우 감식 장비를 사용하는 것과 같이 사이버 범죄 수사에서도 눈에 보이지 않는 증거와 수사 단서를 찾아내기 위해서 일정한 장비를 사용한다.

가. 현장 출동 장비

사이버 범죄 수사에서 현장 수사의 성과를 얻기 위해서는 최대한 빨리 현장에 출동해서 필요한 조처를 해야 한다. 이를 위해서는 평소 현장 출동 장비를 마련하고 휴대나 운반이 쉬운 상태를 유지해야 한다. 일반적으로 사이버 범죄의 현장 수사를 위해서는 다음과 같은 장비가 필요하다.

① 유·무선 겸용의 휴대용 컴퓨터
② 디스크 보호장치(Disk Write Blocker)
③ 외장형 저장장치
④ 휴대용 하드디스크 복제기 및 복제용 하드디스크
⑤ 증거수집용 소프트웨어
⑥ 다양한 규격의 연결 케이블 또는 어댑터
⑦ 하드디스크 운반용 상자

나. 현장 수사 훈련

사이버 범죄의 현장 수사를 효과적으로 수행하기 위해서는 현장 수사에 임하는 수사관이 조사하게 될 컴퓨터에 대하여 전문적인 지식을 갖추고 있어야 할 뿐만 아니라 현장 수사에서 사용하는 장비와 프로그램의 사용법 숙지가 필요하다.

현장 수사에 필수적인 전문지식과 장비의 사용법은 단기간에 습득할 수 있는 것이 아니며 평소 지속적인 훈련이 필요하다. 또한, 컴퓨터를 비롯한 IT는 그 발전 및 변화 속도가 빠르기 때문에 새로운 기술이나 장비에 대한 지식을 습득하는 일도 지속해서 이루어져야 한다.

3. 피해 컴퓨터에 대한 현장 수사

사이버 범죄는 가상의 사이버 공간에서 발생하는 범죄이므로 현장 수사는 대부분 피해당한 컴퓨터 또는 네트워크가 연결된 공간에 대한 현장 수사를 의미한다. 피해 컴퓨터에 대한 현장 수사를 하기 위해서 인터넷에서 서버 컴퓨터가 운영되는 방식, 역할 등에 대한 이해가 필요하다.

가. 인터넷 홈페이지의 운영방식

인터넷 홈페이지의 운영은 서버 컴퓨터 소유 및 관리 방식에 따라서 크게 다음과 같은 두 가지의 경우로 구분한다.

① 홈페이지 운영자가 직접 서버용 컴퓨터를 소유하고 관리하는 방식
  예를 들어 회사의 전산실 담당자가 회사 전산실에 서버용 컴퓨터를 마련하여 홈페이지를 운영하는 경우에는 홈페이지 운영자와 서버 컴퓨터가 같은 곳에 있으므로 현장 수사를 위해서 수사관이 홈페이지 운영자를 방문하여 협조를 의뢰할 수 있다.
② 홈페이지 운영자가 서버용 컴퓨터를 소유하지 않고 관리 또는 운영하는 방식
  예를 들어 서버 호스팅 사업자로부터 서버를 임대받아 홈페이지를 운영하는 경우에는 서버 컴퓨터는 인터넷 데이터 센터(IDC)라는 곳에 있고 홈페이지 운영자는 자신의 사무실에서 인터넷을 통해 원격으로 서버 컴퓨터에 접속해서 관리하

는 경우가 일반적이므로 서로 다른 장소에 있게 된다.

따라서, 인터넷 데이터 센터는 인터넷에 연결할 수 있는 회선과 서버를 보관할 수 있는 장소를 제공하며, 서버 또는 웹 호스팅 사업자들이 입주하여 홈페이지 운영에 필요한 서버를 설치하여 놓고 홈페이지 운영자 또는 서버 관리자에게 서버를 임대한다.

홈페이지 운영자는 자신이 직접 서버/웹 호스팅 사업자와 계약을 체결하고 서버를 임대받거나 기존 서버 내에 웹 서비스를 위해 필요한 일정한 공간을 임대받을 수 있다. 이런 경우에는 홈페이지 운영자가 서버를 직접 관리해야 하며 이를 위해서는 서버를 관리할 수 있는 인력이 필요하다.

서버를 관리할 수 있는 인력이 없는 경우에는 서버관리업체와 계약을 체결하여 서버 관리를 대행하도록 하는 예도 있으나 최근에는 서버/웹 호스팅 사업자가 관리 업무를 대행해주는 경우가 많다. 따라서 수사관이 직접 피해 현장에 나와 피해 컴퓨터를 점검하는 경우에는 실제로 서버가 있는 인터넷 데이터센터를 방문해야 하며, 이때 서버 호스팅 사업자는 홈페이지 운영자의 동의를 요구하는 경우가 많고 서버 호스팅 사업자가 해당 서버를 직접 관리하지 않으면 서버의 구성이나 피해 사항 등에 대하여 수사에 필요한 사항을 알지 못하는 때도 있으므로 사전에 연락하여 홈페이지 운영자 또는 서버 관리자를 현장에 참여하게 하여 수사에 장애가 없도록 해야 한다.

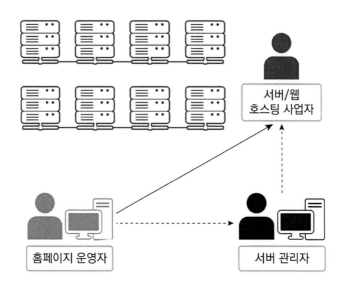

서버/웹
호스팅 사업자

홈페이지 운영자

서버 관리자

나. 피해 컴퓨터에 대한 현장 수사 시 조사사항

사건의 내용에 따라서 구체적인 조사사항은 다르지만, 일반적으
로 해킹과 같은 정보통신망 침해 사건의 현장 수사에서는 다음과 같
은 사항을 조사한다.

① 피해 컴퓨터의 하드웨어 구성
② 피해 컴퓨터의 운영체제 및 네트워크 설정 상태
③ 피해 컴퓨터에서 실행 중인 서비스 및 응용프로그램
④ 피해 컴퓨터가 속한 네트워크의 구성
⑤ 방화벽 및 침입 탐지시스템 등 보안시스템
⑥ 피해 발견 경위 및 증상
⑦ 피해 발견 이후 관리자의 조치 내역 및 접속기록 보존 여부

위 사항을 조사한 뒤에는 필요한 경우 피해 컴퓨터의 메모리에 남아 있는 휘발성 자료를 수집하고 하드디스크 등 비휘발성 자료를 수집한다.

4. 피시방에 대한 수사

사이버 범죄 수사의 현장 수사와 관련해서 검토해야 할 것이 피시방에 대한 수사이다. 우리나라의 경우 피시방이 전국적으로 퍼져 있으며 범죄자 사이에서도 수사기관의 추적을 피하려고 피시방을 이용한다는 것은 이미 널리 알려진 상태이다.

가. 피시방 현장 수사의 한계

피시방은 불특정 다수인이 출입하여 컴퓨터를 사용한다는 특징 때문에 본래 수사상 한계가 있으며, 범인이 피시방의 컴퓨터를 범행에 사용하게 되면 현실적으로 범인 검거가 쉽지 않은 것이 사실이다. 그러나 범인이 피시방의 컴퓨터를 사용하였다고 하더라도 수사 단서를 찾을 수 없는 것은 아니다.

범인이 사용한 컴퓨터를 조사해 보면 의외로 수사에 중요한 단서들이 발견되는 경우가 적지 않다. 효과적인 피시방 현장 수사를 위해서 다음과 같은 사항에 착안해야 한다.

1) 범인이 사용한 컴퓨터를 특정

피시방 현장 수사에서 가장 먼저 할 일은 범인이 사용한 컴퓨터를 특정하는 것이다. 즉 추적 중인 IP주소를 이용해서 그에 해당하는 피시방의 컴퓨터를 찾는 것이다.

피시방의 컴퓨터는 일련번호를 갖고 있으며 피시방에서는 이 일련번호를 이용해서 컴퓨터를 식별한다. 대부분의 피시방에는 IP주소와 일련번호를 정리한 목록이 있는 경우가 대부분이다.

컴퓨터를 찾은 후에는 컴퓨터에서 사용 중인 IP주소를 확인해서 수사 중인 IP주소와 일치하는지를 반드시 확인한다. 다음은 윈도즈의 명령 창에서 'ipconfig /all' 명령을 실행시킨 화면이다. 이 명령을 통해서 해당 컴퓨터에 부여된 IP주소 등 기본적인 네트워크 설정 상태를 확인할 수 있다.

```
■ 명령 프롬프트                                                          ─

C:\Users\yonghokim>ipconfig /all

Windows IP 구성

    호스트 이름 . . . . . . . . . . . : YONGHOKIMCDB3
    주 DNS 접미사 . . . . . . . . . :
    노드 유형 . . . . . . . . . . . : 혼성
    IP 라우팅 사용. . . . . . . . . : 아니요
    WINS 프록시 사용. . . . . . . . : 아니요
    DNS 접미사 검색 목록. . . . . : localdomain

이더넷 어댑터 이더넷:

    연결별 DNS 접미사. . . . . : localdomain
    설명. . . . . . . . . . . . . . : Intel(R) 82574L Gigabit Network Connection
    물리적 주소 . . . . . . . . . . : 00-1C-42-42-09-DF
    DHCP 사용 . . . . . . . . . . . : 예
    자동 구성 사용. . . . . . . . . : 예
    IPv6 주소. . . . . . . . . . . : fdb2:2c26:f4e4:0:e5a8:f46a:e84:514f(기본 설정)
    임시 IPv6 주소. . . . . . . . . : fdb2:2c26:f4e4:0:e838:e52:a647:5054(기본 설정)
    링크-로컬 IPv6 주소. . . . . : fe80::e5a8:f46a:e84:514f%14(기본 설정)
    IPv4 주소. . . . . . . . . . . : 10.211.55.6(기본 설정)
    서브넷 마스크 . . . . . . . . . : 255.255.255.0
    임대 시작 날짜. . . . . . . . . : 2020년 7월 17일 금요일 오전 11:33:12
    임대 만료 날짜. . . . . . . . . : 2020년 7월 17일 금요일 오후 3:26:06
    기본 게이트웨이 . . . . . . . . : fe80::21c:42ff:fe00:18%14
                                      10.211.55.1
    DHCP 서버 . . . . . . . . . . . : 10.211.55.1
    DHCPv6 IAID . . . . . . . . . . : 100670530
    DHCPv6 클라이언트 DUID. . . : 00-01-00-01-26-8E-B6-68-00-1C-42-42-09-DF
    DNS 서버. . . . . . . . . . . . : fe80::21c:42ff:fe00:18%14
                                      10.211.55.1
    Tcpip를 통한 NetBIOS. . . . . : 사용

C:\Users\yonghokim>
```

2) 범인의 컴퓨터 사용 시간을 특정

피시방은 불특정 여러 사람이 사용하는 장소이므로 범인이 사용한 컴퓨터를 찾았다 하더라도 사용 시간을 특정해야 한다. 피시방 업주 또는 관리자가 계산대에서 사용하는 관리프로그램을 확인하면 범인이 사용한 것으로 특정한 컴퓨터의 시작 시각과 종료 시각 및 사용요금 등 사용명세를 데이터베이스에 기록하기 때문에 '일', '월' 단위로 확인할 수 있다.

따라서, 추적 중인 IP주소가 사용된 시간을 전후로 피시방 관리프로그램의 출력 기능을 이용하여 해당 컴퓨터의 사용명세를 확인한다면 범인이 사용한 시간을 특정할 수 있다.

범인이 컴퓨터를 사용한 시간을 특정하면 이를 토대로 해당 컴퓨터를 점검하여 그 시간대에 사용된 기록이 있는지를 확인한다. 이때 가장 효과적인 방법은 '인터넷 히스토리'와 '임시 인터넷 파일' 등을 점검하는 것이다.

3) 정밀분석을 위해 하드디스크를 복제

최근에는 사이버 범죄 수사에 '인터넷 히스토리'와 '임시 인터넷 파일' 등이 증거로 활용된다는 사실이 널리 알려져 범인들이 범행 후에 흔적을 남기지 않기 위하여 자신이 사용한 인터넷 히스토리와 임시 인터넷 파일 등은 반드시 삭제하고 있다.

하드디스크에 저장된 인터넷 사용 기록은 삭제한다고 하더라도 영구 삭제되어 복구 불가능하도록 만든 전용 프로그램을 사용하지 않았다면 대부분 삭제된 기록을 복구하는 것은 가능하다.

그러므로, 범인이 사용한 컴퓨터에 인터넷 히스토리나 임시 인터넷 파일이 삭제되어 있다면 해당 컴퓨터의 하드디스크를 복제하여 정밀분석할 필요가 있다.

복제할 때에는 단순히 폴더나 파일만 복제해서는 삭제된 내용이 복제되지 않으므로 '이미지 복제' 방법을 사용해야 한다.

하지만, 최근 디지털 증거 압수의 방식이 바뀌었으며, 압수영장 집행 시 과거 압수대상 데이터를 전체 이미지 형태로 복제하였으나, 최근에는 영장에 기재된 내용만 선별적으로 압수하는 '선별압수' 방식으로 변경되었다. 따라서 현장에서 필요한 증거만 선별하여 압수하고 파일별로 해시값을 산출하여 피압수자에게 확인시키고 해시값을 이용하여 원본 동일성을 유지하고 검증하여 법정까지 제출되도록 해야 힌다.

단, 현장에서 선별할 수 없거나 피압수자의 요청 등 선별압수를 할 수 없거나 피압수자의 프라이버시 침해 등 명확한 사유가 있다면 원본 전체를 이미징 하거나 원본을 압수한 후 기일을 정하여 피압수자를 참여하게 하여 선별압수 할 수 있다.

나. 피시방 수사 시 유의사항

1) 범인이 피시방에 있는 경우 대비

범인은 평소에 자주 이용하지 않는 피시방에서도 범행이 이루어지기도 하지만, 사전에 계획된 범죄라면 범인은 주변 지리에 익숙하고 피시방의 상황을 잘 아는, 자주 이용해 봤던 피시방에서 범행이 이루어지는 사례가 많다. 따라서 범행이 이루어진 피시방을 확인했다면 그곳에 범인이 자주 나타나는지를 확인하고, 만약 현장에 나온다면 그곳에 범인이 있다는 가정하에 임해야 할 것이다.

피시방 현장 조사 때에는 되도록 신분의 노출을 피하고 만약 현장에 나와야 한다면 손님이 없는 시간대를 이용해야 한다.

추적 중인 범인이 해당 피시방을 이용 중이라는 확정과 함께 체포를 위해서 현장에 나와야 할 경우라면 담당 경찰서 또는 지구대와 공조하여 범인의 신병을 확보하는 조치가 필요하다.

범인은 피시방에서 하던 일을 마치면 즉시 이동하기 때문에 매우 급한 상황이라는 가정하에 인근 경찰관서와 공조하여야 하며, 이때 될 수 있으면 사복을 착용하고 피시방 출입문 등에 경찰관을 배치하여 도주하는 것을 사전 방지하도록 해야 한다.

2) 하드디스크 초기화 장치 확인

최근의 피시방에는 하드디스크 초기화 장치(예: 하드 보안관)를 사용하는 곳이 많은데, 이러한 컴퓨터는 사용 후 다른 사용자가 재부팅 하면 하드디스크의 내용이 관리자에 의해 미리 설정된 상태로 돌아가기 때문에 이전 사용했던 내용은 모두 지워진다. 따라서 현장에 임장했을 때 범인이 사용 중인 컴퓨터가 켜져 있다면 현재 상태를 모두 확인하고 재부팅 이후 자료가 삭제됨을 대비하여야 한다.

3) 노하드 시스템 주의

2016년 이후 피시방은 빠른 속도를 원하는 고객과 사용 컴퓨터 관리의 편리함을 추구하는 업주의 의견이 일치하는 형태의 시스템이 탄생되었는데 이른바 '노하드 시스템(No Hard System)이다.

'노하드'란 개별 PC에 HDD 혹은 SSD 등 저장장치를 설치하지 않고 네트워크로 중앙서버와 연결하여 중앙서버의 스토리지를 이용하는 방식이다. PC를 켜면 서버에서 윈도가 부팅되면 게임이나 각종 프로그램을 실행할 수 있다. 물론 서버에서 파일이 로딩되면 개별 PC에서 구동되는 형태이다.

노하드 시스템은 중앙서버에 윈도와 설치된 게임 프로그램이 있고 각종 업데이트는 서버에서 진행되기 때문에 개별 PC를 업데이트할 필요가 없다. 그리고 손님들이 사용하면서 설치한 각종 프로그램 등을 정리하기 위해 앞서 설명한 '하드보안관' 같은 프로그램이 없이 PC가 부팅되면 가상 공간이 사라지게 되고 새로 PC를 부팅하면 초기화된 윈도 상태를 유지하게 된다. 심지어 바이러스에 감염되거나 윈도 폴더를 날리더라도 재부팅 하면 새로 설치된 윈도 환경을 제공하고 있다.

따라서, 피시방 압수 현장에서 개별 PC를 확인하는 게 아니라 메인 서버를 찾아 증거를 확보하여야 한다.

4) 증거자료 확보 방법 고려

범인이 사용한 컴퓨터에서 수사자료로서의 가치가 있다고 판단된 파일이 발견되면 파일을 복제하거나 하드디스크 전체를 복제해야 한다. 반드시 피시방 업주 등으로부터 동의를 얻어야 하고 동의를 받으면 복제된 파일이나 하드디스크의 출처에 대해서 기재하고, 같게 복제되었다는 내용도 포함되도록 하여 임의성을 확보해야 한다.

파일이나 하드디스크가 같게 복제되었다는 것을 기술적인 방법으로 입증하는 방법의 하나가 해시 알고리즘을 이용하여 계산된 수식을 나타내는 '해시값(Hash Value)'을 이용하는 방법이 보편적이다.

제3절   범인 추적

1. 범인 추적의 의의

사이버 범죄 수사는 범인 추적을 위해 피해 컴퓨터나 범행에 사용된 컴퓨터에 남겨진 단서를 찾아내고 이 단서를 토대로 범인의 신원을 특정하거나 범인의 소재지를 파악하여 범인을 검거하는 과정이다.

일반적인 수사의 경우 다양한 사람을 만나 탐문하거나 용의자의 주변인을 만나 범죄 관련성을 파악하는 것이 주된 임무라면, 사이버 수사의 과정은 컴퓨터와 네트워크의 기술적인 특성을 이용하여 범행에 사용된 IP주소를 파악하고 용의자가 사용한 IP주소가 어떤 사이트에서 무슨 활동을 했는지 등을 확인하는 것으로 장소적·기술적 방법이 다른 것을 제외하면 일반 범죄 수사와 같다.

가상의 세계인 사이버 공간을 이루는 인터넷에 대한 기본적인 개념은 물론, 인터넷을 이루는 여러 가지 기술적인 측면에 대한 충분한 이해가 바탕 되어야 효과적으로 범인을 추적할 수 있다.

최근에는 사이버 범죄 수사관들이 범인의 IP주소와 E-mail 주소를 추적하는 기술이 범인들에게도 많이 알려져 이러한 정보를 이용하여 범인을 추적하거나 검거하는 것은 갈수록 힘들어지고 있다.

하지만, 사이버 범죄 수사에서 범인을 추적하고 소재 파악하는데 가장 많이 활용되는 단서가 IP주소, E-mail 주소 및 ID 등이다.

2. IP주소 추적

사이버 범죄는 인터넷을 통해서 이루어지기 때문에 적어도 하나 이상의 IP주소가 연결된 컴퓨터를 사용한다는 점에 착안해서 수사가 이루어진다.

범인이 사용한 컴퓨터의 IP주소는 접속했던 모든 곳에 흔적을 남기고 수사관은 그 흔적을 찾아 어떤 기록이 남았는지 등을 확인해야 하며 흔적이 남게된 정황을 모두 이해하고 있어야 한다.

인터넷 명예훼손 사건의 경우 범인이 사용한 컴퓨터의 IP주소는 명예훼손 글이 게시된 인터넷 게시판 또는 게시판이 운영되는 서버의 웹 접속기록(로그) 파일에 저장되며 해킹과 같은 정보통신망 침해 사건의 경우 피해를 본 컴퓨터의 접속기록(로그) 파일 내에 범인이 공격에 사용한 컴퓨터의 IP주소가 기록된다.

가. 웹(web) 접속기록

인터넷 게시판의 경우 게시자의 IP주소는 2개소에 기록된다.

첫 번째는 게시판 프로그램으로 게시자의 IP주소가 데이터베이스에 기록되며 이때 대부분의 게시판 프로그램은 게시자의 ID, 게시

시간 및 게시자 IP주소를 받아들여 게시 내용과 함께 데이터베이스에 저장하도록 설계되어 있다. 그러나 최근에는 익명성을 보장한다는 이유로, 게시자 IP주소를 남기지 않거나 게시판 관리자가 게시자 IP주소 저장기능을 사용하지 않는 예도 있다.

두 번째는 게시판 프로그램이 동작하는 웹 서버의 접속기록에 기록된다. 흔히 이러한 웹서버의 기록을 '액세스 로그(Access Log)'라고 한다. 웹 서버 프로그램은 해당 게시판에 접속하는 모든 클라이언트에 대해서 접속 시간, IP주소, 접속된 웹페이지 등에 관한 정보를 기록하게 되어 있으므로 서버 관리자가 인위적으로 웹로그를 저장하지 않도록 기능을 변경하지 않았다면 게시자의 IP주소를 확인할수 있다.

🔶 웹 서버별로 지원하는 로그 파일 종류

1) IIS(Internet Information Service, 인터넷 정보서비스)가 지원하는 로그 파일 형식

- Microsoft IIS Log File Format
- W3C(World Wide Web Consortium) Extended Log File Format
- NCSA Common Log File Format
- ODBC Logging

W3C Extended Log File Format

```
#Software: Internet Information Services 6.0
#Version: 1.0
#Date: 2001-05-02 17:42:15
#Fields: time c-ip cS-method cS-uri-stem sc-status cS-version
17:42:15 172.16.255.255 GET /default.htm 200 HTTP/1.0
```

예시의 로그 내용은 파일 상단에 버전과 날짜, 필드에 대한 설명이 있다. 그리고 '#'으로 구분되며 그 아래 실제 로그가 쌓인다.
필드에 대한 설명은 아래와 같다.

- c: Client
- s: Server
- r: Remote
- cs: Client to Server
- sc: Server to Client
- sr: Server to Remote Server, this prefix is used by proxies
- rs: Remote Server to Server, this prefix is used by proxies
- x: Application specific identifier

- date: Date at which transaction completed, field has type ⟨date⟩
- time: Time at which transaction completed, field has type ⟨time⟩
- time-taken: Time taken for transaction to complete in seconds, field has type ⟨fixed⟩
- bytes: bytes transferred, field has type ⟨integer⟩
- cached: Records whether a cache hit occurred, field has type ⟨integer⟩ 0 indicates a cache miss
- ip: IP address and port, field has type ⟨address⟩
- dns: DNS name, field has type ⟨name⟩
- status: Status code, field has type ⟨integer⟩

- comment: Comment returned with status code, field has type ⟨text⟩
- method: Method, field has type ⟨name⟩
- uri: URI, field has type ⟨uri⟩
- uri-stem: Stem portion alone of URI (omitting query), field has type ⟨uri⟩
- uri-query: Query portion alone of URI, field has type ⟨uri⟩

2) Apache가 지원하는 로그 파일 형식

- NCSA Common Log File Format
- Custom Log File Format

Apache Log File Format

일반적으로 아파치 로그 파일 기록 위치 /var/log/httpd/access_log
(만약, 아파치를 컴파일해 설치했다면 /usr/local/apache/logs/access_log)

로그 기록내용

```
172.21.13.45 - Microsoft\fred [08/Apr/2001:17:39:04 -0800] "GET
/scripts/iisadmin/ism.dll?http/serv HTTP/1.0" 200 3401
```

- host(172.21.13.45): HTTP Client의 IP주소 혹은 HOST 이름
- rfc931("-"): 이 필드는 HTTP 요청을 만드는 Client를 식별하는 필드이며, 만약 아무런 값이 없다면 '-'로 표시
- username(Microsoft\fred): Microsoft 도메인에서 fred라는 사용자 이름 혹은 ID, 만약 아무런 값이 없다면 '-'로 표시

- date: time timezone([08/Apr/2001:17:39:04 -0800]): 날짜와 시간이 기록되는 필드
- request("GET /scripts/iisadmin/ism.dll?http/serv HTTP/1.0"): HTTP 요청과 관련된 필드이며 이 필드는 세 가지 정보를 가지고 있으며 가장 중요한 정보는 요청된 자원 관련 정보이다. 추가로 HTTP 메소드(GET) 관련 정보와 HTTP 프로토콜 버전 관련 정보도 포함
- statuscode(200): 상태 코드는 요청에 대한 응답 코드를 표시
- bytes(3401): byte 필드는 HTTP 요청에 따라 전송된 패킷의 크기를 표시 (날짜와 시간이 표시된 뒤에 '-0800'이라는 숫자가 의미하는 것은 GMT보다 8시간 느리다는 것으로 지역표준시를 의미한다.)

나. 로그인 접속기록

일반적으로 인터넷에 연결된 서버 컴퓨터들은 외부에서 관리자가 접속할 수 있도록 관리 목적의 서비스를 제공하는데, 윈도즈 운영체제에서는 주로 '터미널 서비스(Terminal Service)'가 사용되며 유닉스 계열의 운영체제에서는 주로 '텔넷(Telnet)', '시큐어 셸(SSH, Secure Shell)' 등이 사용된다.

이러한 관리용 서비스를 이용하기 위해서는 서버 컴퓨터에서 요구하는 인증 절차를 거쳐야 하는데 이때, 접속자의 IP주소 등이 서버 컴퓨터의 접속 기록(로그) 파일에 기록된다.

유닉스 또는 리눅스 운영체제의 경우 가장 대표적인 로그인 접속기록이 '라스트(Last)' 접속기록이다.

다음 그림은 Last 접속기록의 일부로서 첫 번째 필드부터 로그인한 사용자 계정, 터미널 번호, 접속 IP주소, 로그인 및 로그아웃 시간, 사용된 시간을 의미한다. 이 기록을 통해서 특성 사용자 계정이 언제, 어디서, 얼마 동안 접속하였는지 등의 정보를 확인할 수 있다.

```
파일(F)  편집(E)  보기(V)  검색(S)  터미널(T)  도움말(H)
ds@ds-VirtualBox:~$ last
ds        :0              :0                    Sun May  3 12:58    still logged in
reboot    system boot 5.3.0-40-generic Sun May  3 12:57    still running
ds        :0              :0                    Tue Apr  7 07:23 - 07:28  (00:05)
reboot    system boot 5.3.0-40-generic Tue Apr  7 07:22 - 07:28  (00:06)

wtmp begins Sat Apr  4 21:07:13 2020
ds@ds-VirtualBox:~$
```

이 밖에도 로그인과 관련해서 '메시지(Messages)' 접속기록, '시큐어(Secure)' 접속기록, '슈퍼유저(su)' 접속기록 등이 존재한다.

다. FTP 접속기록

FTP는 파일전송규약(File Transfer Protocol)의 약자로서 원격지 컴퓨터 사이에 파일 형태의 데이터를 전송하기 위한 서비스이다.

서버 컴퓨터에는 FTP 서비스를 위한 서버 프로그램이 동작하게 되는데 클라이언트 컴퓨터가 서버 컴퓨터에 접속해 FTP 서비스를 사용하기 위해서는 로그인 과정을 거쳐야 한다. 로그인 과정을 거친 후에 파일을 전송하거나 전송받게 되면 해당 내용이 기록되는데 이 것을 FTP 접속기록 또는 xferlog라고 한다.

```
# more xferlog
Thu   May   17   11:54:41   2018   6   file.test.kr   1234567
      /home/user/test1.mp3 b _ i r itwiki ftp 0 * c
Thu   May   17   11:54:42   2018   7   file.test.kr   1234567
      /home/user/test2.mp3 b _ o r itwiki ftp 0 * c
```

위 표는 'xferlog'의 일부로서 앞에서부터 송·수신 시간, 송·수신을 수행한 원격 컴퓨터, 송·수신된 파일의 크기, 파일명, 송·수신 모드(a: ASCII, b: binary), 특수 플래그(c: 압축, u: 비압축, t: tar archive), 전송 방향(o: outgoing, i: incoming), 로그인한 사용자 분류 (a: anonymous, g: guest, r: 인증된 사용자), 인증 방법(0: 미인증사용, 1: 인증사용), 완료 상태(c: 완료, i: 미완료)를 의미한다.

① 전송 날짜와 시간(Thu May 17 11:54:41 2018)
② 전송에 걸린 소요 시간(6초)
③ 원격 호스트 주소(file.test.kr)
④ 전송된 파일의 크기(1234567 바이트)
⑤ 전송 된 파일의 전체 경로(/home/user/test1.mp3)
⑥ 전송 파일 유형(b) − 파일의 유형은 두 종류이다.
　　• a = ascii(문자, 텍스트)
　　• b = binary(파일)
⑦ 액션 플래그(_): FTP 서비스에서 적용하는 내용, 어떠한 동작을 수행했는지 나타내는 플래그
　• 압축, 묶음에 관한 액션
　• 종류: _, C, U, T

기호	뜻
_	행위가 일어나지 않은 것
C	파일이 압축된 경우
U	파일이 압축되지 않은 경우
T	tar로 묶여 있음

⑧ 전송 방향 (i)
　• 종류: i, o, d가 있다.
　　i = 파일을 업로드하여 서버로 들어오는 것(incoming)

o = 파일을 다운로드하여 서버에서 나가는 것(outgoing)

d = 파일을 삭제(delete)하는 것을 나타낸다.

⑨ 엑세스 모드 (r)

- 사용자가 접근한 방식이나 형태를 나타내는 것
- 종류: r, a, g

  r = 시스템의 사용자 계정

  a = 익명사용자(anonymous)

  g = 비밀번호가 있는 게스트 계정

⑩ 사용자명(itwiki)

로그인한 사용자명

⑪ 서비스명(ftp)

호출된 서비스를 나타내는 것으로, 일반적으로 FTP

⑫ 사용자의 인증 방식(0)

- 사용자의 인증 방법
- 0인 경우 없음을 나타내고 1인 경우 RFC 931 authentication

⑬ 인증 사용자 ID(*)

인증 메소드가 되돌려주는 사용자 ID, *는 인증된 사용자 ID를 사용할 수 없는 경우

⑭ 완료 상태(c)

- 전송의 완료 상태를 나타내며

  c = 전송이 완료된 상태를 나타냄(complete)

  i = 전송이 실패된 상태를 나타냄(incomplete)

3. E-mail 주소 추적

인터넷 사용자 대부분은 E-mail 주소를 가지고 있으며 E-mail 주소는 사이버 공간에서 개인을 식별할 수 있는 정보 혹은 인증의 방법으로 사용되고 있다.

가. E-mail 서비스 구성방식

E-mail을 사이버 범죄 수사에 활용하기 위해서는 먼저 E-mail 서비스의 구성방식에 대하여 이해해야 한다. E-mail 서비스의 구성방식에는 크게 전통적인 'MUA' 방식과 'Web' 방식으로 구분해 볼 수 있다.

1) MUA(Mail User Agent) 방식

초기 E-mail을 사용하는 가장 기본적인 방식으로 사용자의 개인 컴퓨터에서 '아웃룩 익스프레스(Outlook Express)' 등과 같이 MUA 프로그램을 사용해서 E-mail 서버로부터 전송받거나 전송하는 방식이며 기본적으로 E-mail을 전송받은 후 서버에는 전송이 완료된 E-mail이 삭제된다.

윈도즈 계열의 운영체제에서 가장 많이 사용되는 MUA에는 'Outlook Express'와 'Microsoft Outlook'이 있다.

Outlook Express는 윈도즈 운영체제를 설치하면 기본적으로 설치되며 MS사의 Office 패키지를 설치해야 사용할 수 있다. 또한, 그 저장되는 폴더와 형식에도 차이가 있는데 Outlook Express는 windows 10에서 저장 위치는 아래와 같다.

C:\Users\〈username〉\AppData\Local\Packages\microsoft.windowscom
municationsapps\LocalState\Indexed\LiveComm

2) Web 방식

Web 방식은 사용자의 개인 컴퓨터에 MUA가 설치되어 있지 않더라도 'internet explore', 'chrome', 'Firefox' 등과 같이 웹브라우저를 이용해 E-mail 서버와 연동된 웹 사이트에 접속하여 사용자의 E-mail을 작성, 발송, 열람 혹은 삭제 등의 작업이 가능하도록 하는 웹 애플리케이션이다.

Web 방식은 MUA보다 사용법이 간단하며 대형 포털사이트에 가입하게 되면 가입자는 무료로 해당 서비스를 이용할 수 있다. Web 방식의 E-mail이라고 하더라도 전송하는 방식은 전통적인 방식을 그대로 따르고 있으며 단지 사용자와 E-mail 서버와의 사이에 Web 방식으로 인터페이스를 제공하는 것이 다를 뿐이다.

Web 방식의 E-mail은 '웹브라우저'를 사용하기 때문에 기본적으로 '인터넷 히스토리'와 '임시 인터넷 파일'에서 그 목록이나 흔적을 찾을 수 있는 경우가 많다.

나. E-mail의 전송방식

E-mail 전송방식은 발신자 측 E-mail 서버와 수신자 측 E-mail 서버 사이에 전송되는 방식에 대한 것으로서 SMTP(Small Message Transfer Protocol)가 사용된다.

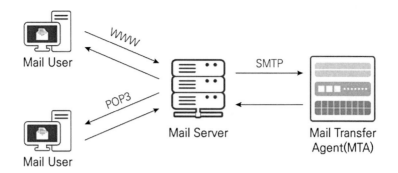

그림과 같이 중간에 있는 Mail Server를 중심으로 왼쪽의 사용
자들에게 web 방식으로 E-mail 서비스를 제공할 것인시 아니면
POP3(Post Office Protocol 3) 방식으로 서비스할 것인지를 보여주고
있으며, 오른쪽에는 발신자 또는 수신자 측 Mail 서버와의 사이에
SMTP를 사용해 전송되는 것을 보여주고 있다.

다. E-mail 전송정보(Header)

하나의 E-mail을 전송하기 위해서는 적어도 4대 이상의 컴퓨터
가 관여하게 되는데 발신자가 작성한 E-mail을 발송하는 컴퓨터, 발
송자 E-mail 서버, 수신자 E-mail 서버, 마지막으로 수신자가 받은 E
-mail을 열람에 사용한 컴퓨터 등이 있다.

실제에서는 더 많은 수의 E-mail 서버를 경유하게 되는데 이렇
게 많은 수의 컴퓨터를 경유해서 하나의 E-mail이 전송되는데, 특정
E-mail이 어떤 서버들을 경유하여 최종적으로 수신자에게 배달되었
는지 E-mail 헤더에 그 내용이 저장된다.

Delivered-To: detec***@gmail.com
Received: by 2002:ac9:e24:0:0:0:0:0 with SMTP id
m36csp3785344ocd;
        Sun, 26 Apr 2020 23:08:02 -0700 (PDT)
X-Google-SmtP-Source:
APiQypIxy1e0VJqYM5AsofcsjlPyuUQDgynmuPd7Bq9ch/bizEvScaF5mm
WSs6uwfive+tohQG3q
X-Received: by 2002:a63:ba19:: with SMTP id
k25mr8468869pgf.232.1587967681606;
        Sun, 26 Apr 2020 23:08:01 -0700 (PDT)
ARC-Seal: i=1; a=rsA-sha256; t=1587967681; cv=none;
        d=google.com; s=arc-20160816;

b=tbFMEn0sa2gNu3HWpb2va+4cibUQHta8WrWnR6sNa+2fAglxP/QeV92
M4RK5YfwbSF

KaMWrtxOiSPI2QQFCgQG2Niclu8p5E+qqLq2ARdPMrTqQUoBr11XWVlo
Bp2H15y6Kpbf

+hLKI9fKJ1Tv3CdsMjiWNykmKNmjmuX3unwpW5g29veMNJBpqqic19oX
ROE6gzDASsWy

DZWIE7WYMvt6omzbUIFaR2+LUI1B3rNl6A1zUqiO14DiGUiAZb//LT+pep
xytJV6Cybq

JTSCB7IxLKSGT5/OJpvjPjVjpa1nyKSaB8xGQNP/0fjY/y7XC33FtY0bsRexq
qdJkjco
        ZZ1Q==
ARC-Message-Signature: i=1; a=rsA-sha256; c=relaxed/relaxed;
d=google.com; s=arc-20160816;
        h=mime-version:subject:message-id:to:from:date;
        bh=dxkxvsmXnUGV1I0llUd47LDdYtj4uOMzISyGqnff0YM=;

b=msT0naAHXLt4qLf6HdByX7ktpInBUOq3SbLFIZ7eCCVY7rB5R6LI2QZa
TLA5UeIrhl

YzZ749K4qtn1IfEEpf9/4xENJKu7Qm90Ja16InMEHJaQIwonWx44X4AdM
+USPILYErV9

pSoF8tY2GBtjUFGIDZzwjTvwBY0sHz9p77D2u83VQyrWLu+OgUWO22K
WSxXy/WLsRo+V

3U8fX8LOIXX3evTU4zqc2yfsbiUJ/KQGKWfAA2V9XE7mFUyt4HUtTDb1N
9hEmjsdF1vi

0zPSeaXhmwQzd5Xb3J7zqVWfyOmHp9LdJNxqJrTr7PoD/Ja6uyVTWMFy
z+gGNSq4j7Ws
        134A==
ARC-Authentication-Results: i=1; mx.google.com;
        spf=pass (google.com: domain of jinter***@hanmail.net
designates 211.231.106.158 as permitted sender)
smtp.mailfrom=jinter***@hanmail.net;
        dmarc=pass (p=NONE sp=NONE dis=NONE)
header.from=hanmail.net
Return-Path: 〈jinter***@hanmail.net〉
Received: from mail-smail-vm83.hanmail.net
(mail-smail-vm83.daum.net. [211.231.106.158])
        by mx.google.com with ESMTPS id
ei11si10195420pjb.44.2020.04.26.23.07.57
        for 〈detec***@gmail.com〉
        (version=TLS1_2
cipher=ECDHE-ECDSA-AES128-GCM-SHA256 bits=128/128);
        Sun, 26 Apr 2020 23:08:01 -0700 (PDT)
Received-SPF: pass (google.com: domain of jinter***@hanmail.net
designates 211.231.106.158 as permitted sender)
client-ip=211.231.106.158;

```
Authentication-Results: mx.google.com;
       spf=pass (google.com: domain of jinter***@hanmail.net
designates 211.231.106.158 as permitted sender)
smtp.mailfrom=jinter***@hanmail.net;
       dmarc=pass (p=NONE sp=NONE dis=NONE)
header.from=hanmail.net
Received: from mail-hmail-pgwas10 ([10.194.50.161])
       by mail-smail-vm83.hanmail.net (8.13.8/8.9.1) with SMTP id
03R67WGV011815
       for <detec***@gmail.com>; Mon, 27 Apr 2020 15:07:32 +0900
X-HermeS-Message-Id: o3RF7W3se2114425819
Date: Mon, 27 Apr 2020 15:07:31 +0900 (KST)
From: "제*" <jinter***@hanmail.net>
To: YongHo KIM <detec***@gmail.com>
Message-ID:
<20200427150731.yNVql1qPSEy78m6YVDYsHw@jinter***.hanmail.net>
Subject: [제*] 5413 강** 평**입니다.
MIME-Version: 1.0
Content-Type: multipart/mixed;
boundary="----=_Part_3883769_1811287005.1587967651518"
X-Mailer: Daum Mint Web 1.0
X-Originating-IP: [106.248.188.152]
X-HM-UT: ay2xGlBWz7RWsyo1FvWdBV/0rHUhVgxoDp5ux3c5+GU=
Received: from mail-hammer-was9.s2.krane.9rum.cc ([10.197.10.42])
by hermes of mail-hmail-pgwas10 (10.194.50.161) with ESMTP id
o3RF7W3se2114425819 for <detec***@gmail.com>; Mon, 27 Apr 2020
15:07:32 +0900 (KST)
```

발신자 jinter***@hanmail.net이라는 주소에서 수신자 detec***
@gmail.com으로 전송된 E-mail의 전송정보를 나타낸 것으로 E-mail
을 작성하거나 열람할 때 표시되는 '받는 사람'과 '보내는 사람'에 해당하는 정보는 'To:'와 'From:' 항목에 표시된다.

그러나 이 주소들은 실제로는 겉으로 보일 뿐 E-mail을 전송하는 것과는 아무런 상관이 없다. 다시 말해서 E-mail의 '받는 사람'과 '보내는 사람'에 대한 정보는 E-mail 발송자가 임의대로 변경 가능한 정보이다.

그렇다면 실제로 E-mail을 발송한 사람에 대한 정보는 '어떻게 찾아야 하는가?'에 대해서 살펴보자.

여기에 대한 해답을 위해서 자세히 살펴보아야 할 부분이 E-mail의 전송정보 중에서 'Received:', 'X-Originating-IP:' 항목이다.

Received 항목은 E-mail이 하나의 E-mail 서버를 경유하는 과정에서 첨부되는 항목으로서 가장 먼저 경유한 서버의 정보가 가장 아래에 붙게 된다. 이런 방식으로 위 E-mail 발송정보를 해석하면 106.248.188.152 에서 발송이 시작된 것을 확인할 수 있다.

X-Originating-IP 항목은 주로 Web 방식을 사용하는 E-mail 서비스에서 사용자의 컴퓨터의 IP주소를 식별하기 위해서 사용된다. 왜냐하면, MUA 방식에서는 사용자의 컴퓨터가 최초 E-mail이 작성된 컴퓨터가 되지만 Web 방식에서는 최초 E-mail이 작성된 컴퓨터는 사용자의 컴퓨터가 아니라 E-mail 서비스를 제공하는 업체의 E-mail 서비스 컴퓨터가 되기 때문이다.

따라서, Web 방식의 E-mail 서비스에서는 Received 항목과는 별도로 X-Originating-IP 등과 같은 항목이 필요한 것이다.

라. 활용 방법

사이버 범죄 수사에서 E-mail 주소는 여러 가지 방법으로 활용될 수 있는데, 가장 많이 사용되는 방법은 범인의 E-mail 주소에 대한 최근 접속기록을 파악하거나 실시간으로 E-mail 수신지를 확인하는 것이다.

범인이 E-mail을 사용하기 위해서는 서버에 접속하여 로그인 과정을 거쳐야 하는데 가입자들에게 E-mail 서비스를 제공하는 포털 사이트 운영업체들은 대부분 가입자가 로그인 때 사용된 컴퓨터의 IP주소와 로그인 및 로그아웃 시간 정보 등을 저장하여 놓는다.

따라서 용의자가 사용하는 E-mail 주소를 확보하게 되면 이를 이용해서 E-mail 서비스를 제공하는 업체에 접속기록을 요청하여 확인할 수 있다.

입수한 접속기록을 이용하여 IP주소를 찾을 수 있고 IP주소 사용자를 확인한다면 가입자의 인적사항과 위치를 알 수 있다.

제4절   압수·수색

1. 압수·수색의 의의

현대를 살아가는 우리는 컴퓨터와 스마트폰을 이용하지 않고는 일상생활이나 사회생활이 어려운 것이 사실이다.

컴퓨터 등 디지털 디바이스는 우리 일상에서 필수 도구가 되었고 개인의 일상생활뿐 아니라 업무에서도 필수 도구가 되었다. 이에 따라 범죄 수사에서도 컴퓨터에 대한 압수·수색은 증거를 수집하여 범증 확보를 위한 필수 절차가 되는 등 매우 중요한 수단으로 인식되고 있다.

범죄 수사와 관련해서 증거나 수사 단서로서의 의미가 있는 것은 컴퓨터 혹은 부속된 저장장치 자체, 즉 데이터를 담고 있는 용기(用器)가 아니라 그 안에 저장된 데이터가 중요하다. 따라서, 사이버 범죄 수사를 위해서 증거를 확보하는 것은 컴퓨터 등에 저장된 데이터를 찾는 것이고 그 데이터를 보관하고 있는 컴퓨터 등을 조사해야한다.

하지만, 실무적으로는 피의자가 사용하는 컴퓨터 본체를 압수하거나 때에 따라 하드디스크를 분리하여 압수하기도 한다.

형사소송법상 압수의 대상으로 되어있는 '증거물 또는 몰수할 것으로 예상되는 물건'의 의미를 어떻게 해석할 것이냐는 사이버 범죄 수사, 디지털 포렌식, 디지털 증거 압수·수색 등에서 항상 먼저 제시되는 명제이다.

'물건'의 의미를 유체물로 한정한다면 컴퓨터에 저장된 데이터는 압수의 대상에 포함되지 않을 것이다. 그러나 법률상 물건의 의미를 '유체물 또는 관리할 수 있는 자연력', 예를 들어 '관리 가능한 전기' 등으로 해석한다면 컴퓨터에 저장된 데이터도 압수의 대상으로 볼 수 있을 것이다. 이에 따라 실무에서는 컴퓨터나 하드디스크를 압수할 수 없는 경우에 데이터만을 선별해서 복사하여 압수하는 방법을 사용하고 있다.

사이버 범죄 수사에서 컴퓨터 등에 대한 압수·수색은 일반 범죄와 비교해 더욱 빈번하게 이루어지고 있으므로 범죄의 증거와 수사 단서를 수집하기 위해서는 압수·수색의 대상에 따라 효과적인 방법을 사전에 생각해야 한다.

2. 사이버 범죄 수사 시 압수·수색의 문제점

가. 압수·수색 대상 선정의 문제

컴퓨터 저장장치와 네트워크 기술의 발전은 사이버 범죄 수사에서 압수·수색의 대상을 선정하는 데 여러 가지 문제점을 야기하고 있다.

예전에는 압수·수색 시에 컴퓨터 본체와 함께 플로피 디스켓, CD-ROM 정도만 압수·수색을 하였지만, 최근에는 각종 휴대용 저장장치가 많아졌고 데이터를 저장할 수 있는 각종 장치가 엄청나게 증가하였기 때문에 압수·수색 시 이러한 휴대용 저장장치, 데이터가 저장될 수 있는 기기가 어떤 것이 있는지 충분히 수색하고 관련 제품에 대한 정보를 반드시 숙지해야 한다. 특히 USB 장치를 사용해 컴퓨터 본체에 연결할 수 있는 외장형 하드디스크와 플래시 메모리 칩 등이 보편적으로 사용되고 있으므로 이러한 저장장치의 종류는 어떤 것이 있는지, 소형화되고 고도화된 외장형 저장장치에 대한 제품의 기본 정보와 모양 등은 어떠한지를 현장에 수색하는 수사관, 분석관은 충분히 숙지하고 있어야 한다.

네트워크 기술의 발전은 네트워크를 통해 연결된 다른 컴퓨터의 하드디스크에 데이터를 저장해서 실시간으로 사용하는 것을 가능하게 했다. 따라서 컴퓨터에 장착된 하드디스크의 용량이 부족하다고 해서 추가로 하드디스크를 사서 장착할 필요 없이 네트워크로 연결된 다른 컴퓨터의 하드디스크를 마치 자신의 컴퓨터에 있는 것처럼 사용할 수 있는 '클라우드 저장소'가 서비스되기 시작하면서 물리적 외장 저장장치는 가상의 공간에서 사용자의 데이터를 보관, 관리하기 시작하였다.

최근에는 대형 포털사이트 등에서 회원들에게 일정 용량의 '클라우드 저장소'를 제공하고 있으며 사용자는 데이터를 웹 방식으로 저장하여 내려받아 사용할 수 있도록 한다.

이러한 네트워크 기술을 이용한 데이터 저장 방식은 사이버 범죄 수사에서 가장 큰 장애 요인이 된다. 즉, 피의자가 사용하는 컴퓨터를 조사해 보지 않고서는 피의자가 어떠한 '네트워크 드라이브'나

'클라우드 저장소'를 사용하는지 알 수 없다. 따라서 사전에 적절한 압수·수색의 대상을 특정하기 곤란하다.

나. 압수 · 수색 집행 시의 문제

컴퓨터 저장장치의 발전으로 저장장치의 용량을 대형화하였고 가격은 저렴해졌다. 따라서 최근에 컴퓨터를 구매하는 사람은 스마트폰으로 찍거나 디지털 캠코더로 찍은 사진이나 동영상을 자신의 컴퓨터에 저장하여 보관하기 위해서 8테라바이트의 저장용량을 갖춘 데스크톱을 요구하기도 한다.

만약, 압수·수색영장 집행 시 대용량의 저장장치를 만났을 때 압수할 데이터를 찾아 선별하기 위해서는 일일이 데이터를 검색해야 하는 등 엄청난 시간이 걸린다는 문제를 초래한다.

또한, 컴퓨터, 노트북, 태블릿 피시, 스마트폰, 저장 공간이 있는 가정용 게임기기(Play Station, X-box 등), 블랙박스, 디지털카메라, 휴대용 디지털 캠코더, IPTV, 스마트 냉장고 등 분석해야 할 기기는 갈수록 증가하였고 기기마다 보편화된 운영체제를 갖춘 것과 제조사 독자의 운영체제 혹은 임베디드 시스템으로 운영되는 기기 등 각 기기마다의 운영체제가 다를 것이다.

따라서, 해당 기기에서 추출한 파일을 구현하기 위해서는 해당 애플리케이션을 이용해서 구동해야 하고, 이러한 프로그램을 사용할 줄 아는 기술력이 필요하다.

피의자가 범행에 사용한 컴퓨터나 저장장치가 명백할 때는 컴퓨터 본체나 저장장치 자체를 압수하여 디지털 증거분석 전용 소프트웨어를 사용해서 분석할 수 있다.

증거물로서의 가치가 불분명한 경우, 예를 들어 해킹(정보통신망 침해) 사건의 경우 해커가 피해 컴퓨터에 침입하기 위하여 사용한 경유지 컴퓨터를 압수·수색하면서 해당 컴퓨터와 저장장치 일체를 압수하기 곤란한 상황이라면, 일정한 범위에서 해당 컴퓨터와 저장장치를 수색하고 범행과 관련된 데이터를 찾아내야 한다. 그러나 수십에서 수백 기가바이트에 이르는 대용량의 저장장치에 숨어 있는 데이터를 압수·수색 집행 현장에서 효과적으로 수색한다는 것은 실무상에서도 현실적으로 어려운 실정이다.

3. 압수·수색 절차

형사소송법에 규정된 압수·수색에 관한 규정은 당연히 사이버 범죄 수사에서도 그대로 적용된다. 현행 형사소송법의 규정상 압수·수색에는 영장을 필요로 하지 않는 경우와 영장이 필요한 경우로 구분된다.

영장을 필요로 하지 아니할 때는 다음과 같은 경우에 해당되며 이러한 경우를 제외하면 법원으로부터 압수·수색영장을 발부받아 집행해야 한다.

◎ 첫째, 영장 없이 압수·수색이 가능한 예
① 소유자 또는 보관자가 컴퓨터 또는 저장장치를 임의로 제출
② 수인이 공동으로 사용하는 컴퓨터 또는 저장장치를 사용자 중 1인이 임의로 제출
③ 보관자에게 임의제출 권한이 있다고 인정될 때

◎ 둘째, 피의자를 체포, 긴급체포, 현행범인 체포 또는 구속할 때는 압수·수색영장 없이 체포 현장에서 컴퓨터 또는 저장장치에 대하여 압수·수색 가능하며, 체포한 이후 48시간 이내에 구속영장을 발부받지 못할 때는 즉시 압수한 물건을 반환조치 하거나, 48시간 이내에 사후 압수·수색영장을 발부받아 집행해야 한다.

가. 압수·수색영장 신청

압수·수색영장을 신청할 때는 일반 범죄와 같이 '압수할 물건, 압수·수색할 장소, 압수·수색 사유' 등을 필요한 최소 범위에서 구체적으로 특정하여 기재해야 하며 일반적인 내용으로 영장을 신청하면 안 된다.

그러나 앞에서 살펴본 바와 같이 사이버 범죄 수사에서 압수·수색의 대상을 선정하는 경우에 수사에 필요한 압수·수색 증거물이 빠지지 않도록 적절하게 범위를 결정해야 한다.

압수할 물건 기재례
- 피의자의 범죄행위에 제공되었거나 피의자의 범죄행위와 관련된 컴퓨터, 주변기기 등 정보처리 장치와 특수매체 기록 등이 저장된 외장하드디스크 및 복사본, 플로피 디스크, CD, DVD, USB 메모리, SD card
- 피의자의 범죄행위에 제공되었거나 피의자의 범죄행위와 관련된 클라이언트 컴퓨터 및 주변기기, 서버 및 라우터 등 전산망 장비와 특수매체 기록 등이 저장된 외장하드디스크 및 복사본, 플로피디스크, CD, DVD, USB 메모리, SD card
- 피의자가 사용한 하드웨어, 소프트웨어와 관련된 컴퓨터 책자, 사용자 설명서, 프로그램 매뉴얼
- 피의자의 범죄행위와 관련된 컴퓨터 서적, 컴퓨터 및 주변기기에 관한 사용자 설명서, 프로그램 매뉴얼
- 피의자의 범죄행위와 관련된 컴퓨터 출력물, 메모, 수첩, 장부
- 피의자의 범죄행위에 제공되었거나 피의자의 범죄행위와 관련된 전산망 서버에 보관된 자료 파일, 전자메일
- 피의자가 사용자로 등록된 전산망의 서버에 보관된 피의자의 범죄행위와 관련된 자료 파일, 전자메일

압수 · 수색할 장소 기재례
- 피의자의 주거지 및 소유 차량 내부와 트렁크
- 피의자의 사무실 소재지
- 피의자가 범죄행위와 관련하여 접속한 컴퓨터 시스템이나 전산망 서버의 소재지
- 피의자가 사용자로 등록된 전산망의 서버 소재지
- 피의자가 사용자로 등록된 전산망에서 범죄행위와 관련하여 접속한 전산망의 서버 소재지

전자우편에 대한 압수 · 수색 기재례
1. 압수 · 수색할 장소
   - 경기 성남시 분당구 ○○동 소재 ㈜&&.net 사무실
   - 서울 강남구 삼성동 ○○ 소재 ㈜##.com 사무실

2. 압수 · 수색할 물건
   - ㈜&&.net에 김철수 명의로 개설된 kimcs@&&.net의 송 · 수신 전자우편 (송 · 수신이 완료된 이메일)
   - ㈜##.com에 김철수 명의로 개설된 kimcs@##.com의 송 · 수신 전자우편 (송 · 수신이 완료된 이메일)

사이버 범죄 수사의 압수·수색과 관련해서 한 가지 고려해야 할 사항은 송·수신이 **진행 중**인 전자우편에 대하여는 현행 통신비밀보호법에서 전자우편을 전기통신에 포함시키고 있으므로 그 내용을 알게 되기 위해서는 감청영장에 의한 통신제한조치를 취해야 한다. 하지만, 이미 송·수신이 **완료**되어 전자우편이 해당 메일서버의 저장 공간에 저장되어 있다면 이는 압수·수색 영장에 의하여 그 내용을 확인하는 것이 가능하다고 본다.

나. 압수·수색 사전준비

사이버 범죄 수사에서 압수·수색은 매우 중요한 임무에 해당하며 수색을 통해 디지털 증거를 발견하고 이를 압수한다면 전체 사건의 성공에 직결된다고 해도 과언이 아닐 것이다.

압수·수색을 효과적으로 수행하고 피압수자 등과 불필요한 마찰을 피하기 위해서는 사전에 투입되는 인력에 대해서는 철저한 사전 교육이 이루어져야 할 것이고, 장비에 대해서는 시간·전원·연결 케이블 등 사소한 것 하나까지 목록을 만들어 체크하면서 철저히 준비해야 할 것이다. 사안이 중하고 반드시 소기의 목적 달성을 해야 한다면 미리 압수·수색 계획을 세우고 투입되는 인력들에게 사전에 중요한 내용을 학습시키는 등의 조치가 이루어져야 한다.

1) 압수·수색 인력

압수·수색 대상의 규모를 고려하여 압수·수색에 필요한 인력을 구성해야 한다. 특히 특정 회사 내에서 사용되는 전체 컴퓨터를 대상으로 압수·수색할 때 사전에 압수·수색 대상이 되는 회사의 규모와 조직에 대한 정보를 수집하고 압수·수색 시 소홀히 하거나 빠지는 부분이 없도록 해야 하며, 필요하다면 압수·수색 범위와 업무를 구분하여 압수·수색 수사팀을 구성하는 것도 바람직하다.

압수·수색 현장에는 예상하지 못한 상황이 발생할 수 있고 전문적인 지식이 필요한 경우가 많으므로 반드시 관련 전문지식을 갖춘 직원이나 민간 전문가를 포함해야 한다.

2) 압수·수색 장비

일반 범죄 수사의 압수·수색 시에 필요한 장비 외에 사이버 범죄 수사의 압수·수색 시에는 다음과 같은 장비들이 필요하다.

가) 압수·수색용 휴대용 컴퓨터

실무에서는 휴대와 이동이 편리한 노트북 컴퓨터가 많이 사용되고 있으나 일반적으로 노트북 컴퓨터는 주변기기 또는 외부 장치와 연결할 수 있는 인터페이스에 제한이 많으므로 필요한 연결 장치와 커넥터를 준비해야 한다. 보다 근본적으로는 디지털 증거 분석을 위해 특수하게 제작된 로드 마스터 등 현장용 컴퓨터를 사용하는 것이 바람직하다.

나) 외장형 또는 휴대용 저장장치

컴퓨터 또는 하드디스크 등 저장장치를 수색하여 찾아낸 데이터를 복사하기 위해서 외장형 또는 휴대용 저장장치가 필요하다.

다) 디지털 증거 분석용 소프트웨어

증거물 또는 수사 단서로서 가치가 있는 데이터가 저장되어 있을 것으로 예상되는 컴퓨터나 하드디스크를 압수할 경우 피압수자의 정상적인 업무수행이 불가능한 경우 현장에서 데이터를 찾기 위해서 디지털 증거 분석용 소프트웨어가 필요하다.

라) 하드디스크 복제 장비 및 대용량 저장장치

하드디스크 자체를 압수할 수 없는 경우 하드디스크의 내용을 복제할 수 있는 장비가 필요하다. 또한, 하드디스크 복제본을 저장할 수 있는 저장장치가 필요하다. 압수·수색 현장에서 여러 개의 하드디스크를 복제하는 경우는 드물지만, 만일의 경우를 대비하여 적어도 수백 기가바이트 또는 수 테라바이트 이상의 대용량 저장장치를 사용하면 수집된 증거를 집중적으로 관리할 수 있다.

다. 압수·수색 집행

압수·수색 현장의 구조와 상황에 따라서 집행 방식이 조금씩 차이 있으나, 일반적으로 다음과 같은 방법에 따라 집행한다.

① 현장에 도착하여 관계자에게 압수·수색 영장을 제시한 후 현장에 있는 모든 사람의 컴퓨터 작업을 중단시키고 그 자리에서 벗어나게 한다. 이때, 작업 종료를 위해 컴퓨터를 끄거나 프로그램을 중단시키지 못하게 하고 키보드, 마우스를 사용하지 못하도록 한다.

② 개별 컴퓨터를 수색할 때에는 해당 컴퓨터의 사용자를 확인하여 참여시킨 다음 컴퓨터 외관에 포스트잇, 메모지 등으로 사용자를 표시한 뒤 반드시 컴퓨터의 시간과 조사관의 휴대폰에 나타나는 시간을 비교하여 사진을 찍거나 메모를 하는 등 시간 차이를 확인해야 한다.

③ 컴퓨터 본체를 압수할 때에는 사용자가 보는 앞에서 케이스를 열어 하드디스크 등 내부 부품을 확인시킨 다음 내부 부품의 부착 상태를 사진 촬영한다. 그리고 컴퓨터 내부에 다른 하드디스크를 탈착한 흔적이 있는지 주의깊게 살펴야 한다.

④ 하드디스크만을 압수하는 경우에는 본체에서 하드디스크를 분리한 뒤 사용자에게 제조사, 용량 및 제조번호 등을 확인시키고 사진 촬영한다.

⑤ 하드디스크의 내용만을 복제하는 경우에는 복제 전후에 사용자에게 그 내용을 확인시키고 사용자의 컴퓨터에서 복제된 것이 틀림없다는 내용의 '확인서'를 받는다.

⑥ 피의자가 사용하는 컴퓨터의 주변 및 책상 서랍 등을 수색하

여 외장하드디스크, USB 메모리, SD card 등 외장저장 장치를 확인해야 한다.

⑦ 압수·수색 목록을 작성할 때에는 압수한 품명과 제조번호, 제조사를 구체적으로 기재한다.

Chapter

03

디지털 포렌식

사이버 범죄 수사에서 증거란 주로 디지털 증거(Digital Evidence)와 관련된 것이므로 여기에서는 일반 형사사건의 증거물에 대한 사항 외에 디지털 증거에 대하여 살펴본다.

디지털 증거란 범죄를 증명할 수 있는 가치를 지닌 이진수 형태로 저장되거나 전송 중인 정보로서 범죄와 피해자 또는 범죄와 가해자 사이의 연결고리를 제공할 수 있는 모든 디지털 데이터를 말하는 것이다. 여기에는 전통적인 의미의 컴퓨터상에 저장된 데이터뿐만 아니라 이진 형태로 저장되거나 전송 중인 모든 텍스트, 이미지, 음성, 영상 데이터 등을 포함하는 개념으로 사용한다.

디지털 증거를 다룰 때에 먼저 고려되어야 할 점이 있는데 그중 가장 많이 거론되는 것이 바로 디지털 증거의 '증거능력'에 대한 문제와 증거법상 '전문법칙'의 적용 여부에 관해서이다. 컴퓨터와 인터넷의 사용이 보편화되면서 디지털 증거에 대해서도 그 진정성, 동일성, 원본성이 인정되는 경우에는 증거로서 사용될 수 있다. 또한, 실무적으로도 사이버 범죄뿐만 아니라 일반 형사사건의 수사에서 디지털 증거에 대한 의존도가 계속 높아지고 있으며 세계적으로 연구가 활발히 진행되고 있다.

1. 디지털 증거의 특성

가. 비가시성에 관한 문제

디지털 증거는 그 개념에서도 알 수 있듯이 자기성 물체 위에 전자적인 방식으로 저장되어 있고, 그 형식도 디지털(이진 방식)로 기록되어 있으므로 다른 증거물에 비해 가시성과 가독성이 현저히 떨어진다.

디지털 증거물을 증거로서 사용하기 위해서 반드시 해당 디지털 증거를 출력할 수 있는 컴퓨터 프로그램을 사용하여 문서 형태로 출력해야 한다. 따라서 디지털 증거를 처리하고 분석할 때에는 재판 과정에서 증거로 사용될 수 있도록 문서로 만드는 과정이 필요하다.

나. 원본성에 관한 문제

디지털 증거물의 가장 중요한 특징은 다른 증거물과 달리 복제가 쉽다는 점이다.

복제된 디지털 증거물은 하드웨어적 요소를 제외하면 그 내용에서 원본과 사본의 구별이 무의미한 문제가 있으므로 디지털 증거를 수집하는 과정에서 가장 중요한 절차가 바로 수집된 디지털 증거에 대해 원본과의 동일성을 유지해주고 추후 증거로서 사용될 때 원본과의 동일성이 유지되었는지를 입증할 수 있어야 한다.

이러한 문제점을 해결하기 위해서 전문적인 수집 및 분석 장비를 사용해야 하며 경험이 많은 사이버 범죄 수사관이라고 하더라도 디지털 증거를 수집하고 분석하는 과정에서 의식하지 못하는 사이에 사소한 실수를 범할 수 있고, 그로 인하여 수집된 디지털 증거의 원본과의 동일성이 훼손되어 증거로서 사용할 수 없는 결과가 초래될 수 있다.

디지털 증거를 수집하고 분석하기 위해 개발된 장비와 프로그램들은 이러한 사소한 실수로 인한 결과를 방지하기 위해서 여러 가지 검증 및 입증 방법을 제공하므로 이를 이용하면 비교적 안전하게 디지털 증거의 원본과의 동일성을 유지할 수 있다.

2. 디지털 증거물 처리의 일반원칙

가. 원본과의 동일성 유지

디지털 증거물의 처리에서 주의해야 할 가장 중요한 것이 바로 원본과의 동일성을 유지하는 것이다. 디지털 증거는 복제가 쉬워 일단 복제가 완료되면 원본과 사본의 구별이 불가능하다는 특징이 있고, 다른 증거물에 비해 변조나 변경이 쉬운 특징이 있다.

만약 고소인이 평소 관계가 좋지 않던 경쟁업체를 음해하기 위해서 고소인이 관리하는 서버 컴퓨터가 해킹되었다고 신고하고 서버 컴퓨터의 접속기록을 변조하여 제출한 경우에 접속기록이 조작되었는지를 밝히기는 쉽지 않다. 또한, 디지털 증거물을 수집·분석하는 과정에서 뜻하지 않은 실수로 그 내용이 변경될 수도 있다. 이러한 일은 실제 수사 과정에서 얼마든지 발생할 수 있고 그러한 이유로 인해서 애써 찾아낸 디지털 증거들이 법정에서 증거로 채택되지 못하는 결과를 초래할 수도 있다. 그러므로 이러한 일을 미리 방지하기 위해서 디지털 증거물을 처리하는 수사관들은 항상 원본과의 동일성이 유지될 수 있도록 세심한 주의가 필요하다.

디지털 증거물의 처리에서 원본과의 동일성을 유지하는 방법으로는 대체로 '해시값(Hash Value)'을 이용하는 방법이 많이 사용되는데, 그중에서도 MD5, SHA-1 해시 알고리즘을 이용한 방법이 많이 사용한다. 실무에서도 원본 동일성 입증을 위한 해시값을 적시할 때 MD5, SHA-1 해시값을 각각 계산하여 확인서 등에 기재한다.

MD5(Message-Digest algorithm 5) 해시는 특정 파일의 내용을 유일하게 표시할 수 있는 128bit(16byte)로 이루어진 숫자로서 디지털 증거물을 다루는 분야에서 표준적인 방법으로 널리 사용되고 있다.

내용이 서로 다른 2개의 파일이 같은 MD5 해시값을 갖게 될 가능성은 약 1/2,128이다. 그러므로 두 파일의 MD5 해시값이 같다면 두 파일은 그 내용이 일치한다는 것을 의미한다. 이러한 MD5 해시의 특성을 이용해 디지털 증거의 원본과의 동일성을 유지하기 위한 수단으로 사용할 수 있다.

SHA(Secure Hash Algorithm) 함수들은 서로 관련된 암호학적 해시함수들의 모음이다. 이들 함수는 미국 국가안보국(NSA)이 1993년에 처음으로 설계했으며 미국 국가 표준으로 지정되었다. SHA 함수군에 속하는 최초의 함수는 공식적으로 SHA라고 불렸지만, 나중에 설계된 함수들과 구별하기 위하여 SHA-0 이라고도 부른다. 2년 후 SHA-0의 변형인 SHA-1이 발표되었으며, 그 후에 4종류의 변형, 즉 SHA-224, SHA-256, SHA-384, SHA-512가 더 발표되었다. 이들을 통칭해서 SHA-2라고 하기도 한다.

SHA-0와 SHA-1은 최대 264bit의 메시지로부터 160bit의 해시값을 만들어 낸다. 2002년에 SHA-1과 함께 정식표준으로 지정되었다. SHA-2부터 뒤에 bit 수가 붙는데 주로 이렇게 다양한 비트들은 암호연산의 키 길이와 비례한다.

디지털 증거를 수집하는 단계에서 향후 그 내용의 변경이나 변조가 문제 될 것으로 예상되면 수집된 각각의 파일에 대해서 MD5, SHA-1 해시값을 생성하고 문서로 출력하여 입회인이나 관계인으로부터 서명 날인을 받아 사건기록에 첨부하면 된다. 수사 과정이나 법정에서 변조 가능성이 제기된 경우에는 새로 MD5, SHA-1 해시값을 생성시켜 예전 것과 비교하여 그 변조 또는 변경 여부를 확인할 수 있다.

나. 원본의 보존

디지털 증거물을 처리하는 데 가장 중요한 원칙은 원본 증거의 훼손을 방지하고 그 원본성을 보존하는 것이다. 디지털 증거는 다른 증거와는 달리 변경이나 변조가 쉽다는 특징을 가지고 있어 다른 증거물에 비해 그 원본을 보존해야 할 필요성이 있으므로 수집된 디지털 증거물의 원본은 사본을 만든 후에 보존조치를 해야 한다.

실무에서 증거를 분석하기 위해서 원본 1개에 사본 2개를 기본적으로 이미징하고 해시값을 통하여 원본 동일성을 입증하고 사본 중 1개를 가지고 분석함으로써 분석과정 중에 발생할 수 있는 원본의 훼손을 미리 방지할 수 있다.

다. 처리 과정 및 결과의 문서화

디지털 증거물을 다루는 작업은 그 처리 과정과 결과를 모두 문서화하여야 한다. 이는 가시성과 가독성이 부족한 '비가시성'이라는 디지털 증거의 특징 때문에 요구되는 사항이기도 하지만 그 분석과정이 적법 절차에 따라 이루어졌는지를 확인하기 위한 것이다.

디지털 증거는 사람이 사용하는 언어가 아닌 기계어, 이진수 등의 디지털 형태로 기록되고 있어 이를 분석하기 위해서는 여러 가지 분석용 프로그램을 사용하여 데이터를 변환하고 가공하는 과정을 거쳐야 한다.

예를 들어 중요 문서를 작성하여 암호를 걸어서 보관 중이라면 암호를 디코딩하여 복호화해야 문서를 열 수 있다. 따라서 범인의 컴퓨터에서 암호화된 방식으로 인코딩된 데이터를 발견한다면 수사관은 그 내용을 파악하기 위해서 디코딩 과정을 수행해야 하는데,

이러한 일련의 분석 과정을 정확히 기록하고 분석이 완료된 후에는 그 과정과 결과에 대해서 보고서로 작성하여 문서로 만들어 놓아야 하며, 이와 같은 문서화를 통해서 수사관의 분석 과정의 적법성에 대해서 사후 평가가 가능할 것이다.

분석 과정에 대한 문서화는 향후 발생할 수 있는 법정 증언에 대한 대비책이 될 수 있는데 디지털 증거의 분석은 그 분석 대상이 방대하고 많은 시간이 소요될 뿐만 아니라 적절한 증거분석을 위해서 여러 가지 정보통신 기술과 소프트웨어를 사용하게 된다. 따라서 디지털 증거분석관, 수사관은 파일 시스템에 대한 고도의 지식과 정밀한 작업 기술이 필요하다.

사건을 직접 수사하고 압수한 디지털 증거를 직접 분석한 담당 수사관이라고 하더라도 시간이 지나거나 다른 증거를 분석하는 등 중복된 일을 할 때 자신이 분석한 디지털 증거에 대해 그 분석 과정을 명확하게 기억하기 어려운 경우가 발생하거나 재판 과정에서 법정에 출석하여 증언해야 할 때 심리적인 부담 등으로 인해서 정확한 증언이 불가능할 수도 있다.

이때 일련의 분석 과정을 기록해 놓은 자료, 보고서가 있다면 큰 도움이 될 것이다.

3. 증거물의 수집과 보관

가. 수집 방법

컴퓨터의 메모리에 저장된 자료는 컴퓨터의 전원이 꺼지면 사라지는데, 이처럼 컴퓨터의 전원을 끄거나 일정한 시간이 지났을 때 삭제되어 복구할 수 없는 데이터를 휘발성 증거라고 한다.

이에 비하여 컴퓨터의 하드디스크 등 보조기억 장치에 저장된 데이터들은 컴퓨터의 전원과는 무관하게 보존될 수 있다. 그리고 비휘발성 증거라고 한다.

1) 휘발성 증거(Volatile Evidence)의 수집

실무에서는 휘발성 증거의 수집과 분석이 동시에 이루어지는데 휘발성 정보에는 다음과 같은 내용이 주로 포함된다.

- 시스템 시간, 포트 정보 및 네트워크 연결정보
- 실행 중인 프로세스 정보
- 응용프로그램에서 사용되는 정보
- 사용자 로그인 등 접속 정보

가) 해킹 피해를 본 컴퓨터

해킹 사건에서 현재 피해를 본 컴퓨터에 용의자가 접속되어 있거나 용의자가 접속되어 있지 않더라도 해킹 피해 발생 이후 전원이 켜진 상태로 그대로 보존된 경우에는 피해 컴퓨터의 메모리에서 용의자와 관련된 중요한 단서를 확인할 수 있으므로 휘발성 증거에 대한 조사를 수행해야 한다.

나) 용의자의 컴퓨터

예를 들어 용의자의 E-mail 주소 등을 실시간으로 추적하여 용의자 위치를 찾아냈으면 용의자가 사용한 컴퓨터에서 현재 작업 중인 프로세스 목록, 접속한 원격 호스트 등에 대한 정보를 찾아낼 수 있다.

휘발성 증거를 수집하기 위해서는 적절한 도구가 필요하다. 이러한 프로그램은 되도록 수집 대상 컴퓨터의 메모리나 하드디스크의 내용에 변경을 주지 않아야 하는데, 일반적으로 그래픽 방식의 프로그램은 컴퓨터의 자원을 많이 소모하므로 휘발성 증거를 수집하기 위한 도구로 적합하지 않다.

윈도즈 운영체제에서는 주로 '명령어 창(cmd.exe)' 환경에서 수행되어야 하고 리눅스나 유닉스 운영체제에서는 터미널 환경에서 동작해야 한다. 또한, 이들 휘발성 증거수집용 프로그램은 별도의 USB 메모리 등 외부 저장장치를 통해 실행시키고, 필요하면 그 결과도 USB 메모리 또는 네트워크 전송을 통해 저장시켜야 한다.

휘발성 증거를 수집하는 기법을 '라이브 포렌식(Live Forensics)' 이라고 한다.

다) 휘발성 증거의 수집 순서

RFC(Request for Comments)는 IETF(Internet Engineering Task Force)에서 만들고 웹을 통해 일반에게 공개하는 기술 문서이다. 주로 인터넷이나 인터넷과 연결된 시스템에서 동작하는 특정 애플리케이션 혹은 프로토콜에 관한 내용을 담고 있다.

'RFC 3227'은 포렌식 증거의 수집과 보관에만 초점이 맞추어져 있다.

증거를 수집할 때는 휘발성 물질에서 휘발성이 작은 물질로 진행해야 한다. 다음은 일반적인 시스템에 대한 변동성 순서의 예다.

```
• registers, cache
• routing table, arp cache, process table, kernel statistics, memory
• temporary file systems
• disk
• remote logging and monitoring data that is relevant to the system in
  question
• physical configuration, network topology
• archival media
```

NIST(National Institute of Standards and Technology)는 미국 상무부 산하 단체로 미국 표준을 연구하고 제정하는 곳이다. 'NIST SP 800-86' 증거의 수집뿐만 아니라 컴퓨터 포렌식 전반에 걸친 기본적인 가이드 라인을 제공하고 있다.

OS는 컴퓨터 시스템의 메모리에서 실행된다. OS가 작동하는 동안 메모리의 내용은 지속해서 변화한다. 주어진 시간에 메모리에는 많은 유형의 데이터와 정보가 포함된다. 예를 들어 메모리에는 데이터 파일, 암호 해시 및 최근 명령과 같이 자주 액세스하고 최근에 액세스한 데이터가 포함된 경우가 많다.

```
• Network Configuration
• Network Connections
• Running Processes
• Open Files
• Login Sessions
• Operating System Time
```

2) 비휘발성 증거의 수집

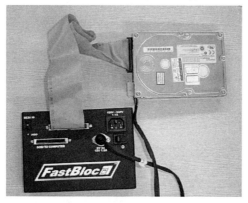

휘발성 증거가 대부분 메모리에 저장되어 있다면 비휘발성 증거는 대부분 하드디스크, SSD와 USB 메모리 등 보조기억 장치에 저장되어 있다.

비휘발성 증거를 수집하는 경우에는 먼저 컴퓨터의 전원을 끈 후에 하드디스크를 본체에서 분리해서 별도의 증거수집용 장비에 연결해서 작업해야 하며, 반드시 하드디스크 쓰기 방지 장치를 사용해야 한다.

윈도즈와 같은 운영체제는 부팅만 하더라도 하드디스크의 내용을 변경시킬 수 있다. 그러므로 물리적으로 하드디스크와 컴퓨터 사이에 쓰기 방지 장치를 연결하여 컴퓨터에 의해서 하드디스크에 데이터가 써지는 것을 방지해야 한다.

나. 보관 방법

휘발성 또는 비휘발성 증거를 수집한 경우에는 외부환경이나 자성(磁性), 충격으로 멸실 혹은 변조되지 않도록 적절한 방법으로 보관조치를 해야 한다.

휘발성 증거의 경우에는 해당 증거를 수집한 일시, 장소, 방법 등을 상세히 기재하고 입회인 등으로부터 서명 날인을 받아 놓는 것은 필수이며, 수집된 증거가 원본이라는 것을 향후 증명하기 위해 해시값 등을 생성하여 문서로 출력하여 반드시 입회인의 확인을 받아 놓아야 한다.

비휘발성 증거를 수집한 경우에는 원본 하드디스크를 대상으로 이미지 복제를 수행하고, 이렇게 복제하여 얻은 사본을 대상으로 정밀분석을 수행하고 원본 하드디스크는 안전한 장소에 보관한다.

하드디스크 이미지를 복제하는 경우에는 가능하면 같은 용량 혹은 더 큰 용량의 하드디스크를 준비해서 복제 작업을 수행해야 한다. 복제가 완료된 뒤에는 원본의 값과 같이 복제되었는지를 확인할 수 있도록 하드디스크 전체 내용에 대해서 해시값을 생성하여 문서로 출력해야 한다.

'EnCase'와 같은 전용 소프트웨어를 사용할 때는 별도로 하드디스크 이미지 복제를 수행하지 않고 원본에서 곧바로 'EnCase' 분석용 이미지 파일을 생성시킬 수 있고 이미지 파일 생성이 끝나면 자동으로 인증(Verify) 과정을 거쳐서 같게 복제되었는지를 확인할 수 있다.

수집 및 분석작업이 종료된 경우에는 그 과정과 결과물을 모두 문서로 만들어 출력하여 보고서를 작성하여 수사기록에 편철해야 하며, 수집 및 분석 작업할 때에 생성된 파일과 이미지 파일들은 그대로 분석용 컴퓨터에 남겨 놓게 되면 향후 다른 분석작업에 의해서 변경되거나 훼손될 수 있으므로 모두 CD, DVD 등과 같은 고정된 매체에 저장한 후에 필요한 기간 보존조치 해야 한다.

4. 증거물의 분석 절차

가. 일반적인 분석 절차

디지털 증거의 일반적인 분석 절차는 「증거의 수집 → 복제 및 원본 보존 → 분석 → 문서화」 순서로 진행되며 실제에서는 분석과정과 문서로 만드는 과정이 반복적으로 수행된다.

디지털 증거의 분석은 주로 비휘발성, 그중에서도 하드디스크에 대한 분석이 주를 이룬다. 휘발성 증거의 분석은 수집 단계에서 분석작업도 함께 이루어지는 경우가 많다. 그러므로 이 책은 주로 비휘발성 증거, 그중에서도 하드디스크 분석에 관한 내용을 간략히 살펴볼 것이다.

디지털 증거의 분석과 관련해서 반드시 하드디스크의 구조와 파일 시스템에 대한 지식이 필요하다.

1) 하드디스크의 종류와 구조

출처: https://www.cleanpng.com/png-serial-atA-hard-driveS-serial-attached-
scsi- parall-4841002/download-png.html)

일반 개인용 컴퓨터에서 사용되는 하드디스크의 종류를 살펴보면, 인터페이스 방식에 따라서 IDE 방식과 SCSI 방식으로 구분하는데 최근에는 이러한 방식의 하드디스크는 사용되지 않고 IDE는 SATA(Serial ATA)가 사용되고, SCSI는 SAS가 대신하고 있다.

가) IDE 방식의 하드디스크

IDE(Intelligent Drive Electronics)/ATA(AT Attachment)는 드라이브의 논리 컨트롤러를 하드디스크 자체에 통합시켜 최초로 대중화에 성공한 드라이브다.

컴퓨터의 메인보드(Main Board)에 2개의 커넥터가 있는데 첫 번째 커넥터를 '프라이머리(Primary)'라 하고, 두 번째 것을 '세컨드리(Secondary)'라 한다. 각각의 커넥터에는 2개의 IDE 방식의 하드디스크를 부착할 수 있는데, 첫 번째 것을 마스터(Master)와 두 번째 것을 슬레이브(Slave)라고 한다. 이와 같은 방법으로 총 4개의 IDE 방식의 하드디스크가 부착될 수 있다.

- P-ATA(병렬): 패러럴 ATA로 초기에 많이 사용되었으며, 자기장에 의한 데이터 변형과 왜곡이 존재한다.

- S-ATA(직렬): 시리얼 ATA로 최근까지 사용되고 있으며, 비약적으로 증가하여 S-ATA, S-ATA2, S-ATA3 종류가 있다.

나) SCSI(Small Computer System Interface) 방식의 하드디스크

이 방식은 개인용 컴퓨터에는 연결할 수 있는 커넥터가 부착되어 있지 않다. 따라서 SCSI 방식의 하드디스크를 개인용 컴퓨터에서 사용하기 위해서는 SCSI 컨트롤러라는 장비를 부착해야 한다.

컴퓨터에 주변기기를 접속하기 위한 직렬 표준 인터페이스로 장치를 연결하고 분리할 때 편리하다. 여러 개의 하드디스크를 연결하여 사용할 수 있으며 속도가 빠르고 안정성이 뛰어나다. IDE보다 가격이 비싸다.

다) S-ATA(Serial ATA) 방식의 하드디스크

IDE 방식(P-ATA)의 한계를 넘기 위해 개발된 직렬 방식으로 40핀의 회전수를 4개의 회선으로 줄였으며 에러율이 낮고 초당 150MB/s~600MB/s 빠른 전송속도와 핫 플러그가 지원된다. 메인보드에 S-ATA 포드 번호가 있으며 포트 수에 따라서 여러 개의 드라이브 장착이 가능하다. 또한, IDE와 같이 master, slave를 별도로 설정하지 않고 CMOS에서 설정할 수 있다.

라) SAS(Serial Attached Scsi) 방식의 하드디스크

Serial SCSI인 SAS는 Random Seek 방식으로 SCSI와 마찬가지로 별도의 컨트롤러가 있어야 한다. SAS는 SATA 방식과 SCSI 방식의 장점을 혼합하여 개발되었으며, SCSI의 병렬 구조의 방식을 직렬 구조로 바꾼 것이다. 일반적으로 서버에 주로 사용되며, 현재 SAS 6Gbps, SAS 12Gbps까지 나온 상태이다. SATA 규격의 전송 길이와 비교해 SAS는 3m 이상 가능하므로 서버 운용에 장점이 있다. SCSI 인터페이스와 비교해 SAS는 비용이 조금 더 낮고, 속도가 빠르며, 디바이스 호환성이 높은 편이다.

2) SSD(Solid State Drive)의 이해

HDD(Hard Disk Drive)의 성능은 스핀들 모터의 회전 속도에 따라 얼마나 빨리 정확하게 해당 위치에 데이터를 쓰고 읽을 수 있느냐에

달려 있다. 하지만, 플래터에 데이터를 읽거나 쓰기 위해서는 헤드가 '물리적'으로 움직여야 하는데 그 소요 시간은 반드시 존재할 수밖에 없으며 그 불필요한 시간을 없애는 방법을 생각하기 시작했다.

컴퓨터의 연산 속도는 CPU, main memory(RAM) 그리고 HDD에 의해 좌우되는데 아무리 CPU와 RAM이 빨라져도 데이터를 공급하는 HDD 속도가 느리다면 전반적인 속도가 빨라지지 않을 것이다.

이런 문제점을 해결하기 위하여 SSD에 관심을 가지게 되었고 SSD는 기본적으로 자기디스크가 아닌 반도체 메모리에 데이터를 기록하기 때문에 HDD의 단점인 '물리적' 문제점이 사라지며 데이터 읽기나 쓰기의 속도가 월등히 빨라질 수 있었다. 또한, 물리적으로 움직이는 부품이 없어 소음·발열이 없으며, 전력 소모도 HDD보다 월등히 적다는 장점이 있게 되었다.

HDD 3.5인치 7,200rpm 2TB급 제품의 연속 데이터 읽기/쓰기 속도가 최대 200MB/s까지 측정되지만, 실사용 중에는 60~150MB/s

정도로 낮아진다. 하지만, 같은 급의 SSD는 컨트롤러에 따라 조금 차이가 나지만 SATA-3 규격 모델의 경우 약 500~550MB/s 정도의 속도가 나오고 아무리 느린 제품이라고 해도 350~400MB/s 정도의 속도가 나온다.

단점은 GB당 HDD의 5~6배 정도 비싸며 용량 면에서 HDD를 따라가지 못하고 현재 간격을 좁혀 1/2 정도 수준을 유지 중이다. 치명적 단점은 HDD의 경우 베드 블록 등으로 고장을 알리지만 SSD는 아무런 경고 없이 갑자기 사용 불능으로 되는 경우가 있다.

3) HDD(Hard Disk Drive)의 이해

하드디스크의 내부는 크게 실제 데이터가 기록되는 '플래터' 부분과 헤더 부분 그리고 컨트롤러 부분으로 구성되어 있다. 하드디스크가 물리적으로 손상을 입지 않았다면 수사관이 직접 하드디스크의 내부 구성부품에 대해서 알고 있을 필요는 없다.

하드디스크 구조와 관련해서 몇 가지 알아야 할 사항은 하드디스크의 논리적인 구조에 대한 것이다. 흔히 하드디스크에 대해서 언급할 때 트랙, 섹터, 실린더 등에 대해서 말한다. 트랙이란 하드디스크에 데이터를 저장할 때 '플래터'의 표면에 동심원을 따라서 데이터가 저장되는데 이 하나의 동심원을 트랙이라고 한다. 섹터란 하나의 동심원을 일정한 크기로 나눈 영역이다. 마지막으로 실린더는 여러 장의 플래터 표면에 있는 같은 위치의 동심원을 묶어 실린더라고 부른다. 실린더라는 개념이 필요한 이유는 하드디스크에는 여러 장의 플래터가 붙어 있고 각각의 플래터 표면에 헤더가 붙어 있는데 데이터가 기록되거나 읽힐 때 헤더가 같이 움직이므로 각각의 플래터의 같은 위치에 데이터를 저장하는 것이 속도 면에서 효과적이기 때문이다.

하드디스크의 저장 공간은 논리적으로 마스터 부트 레코드(MBR, Master Boot Record)와 파티션(Partition)이라는 단위로 구분된다. MBR은 컴퓨터가 부팅될 때 운영체제를 메모리에 올리는 데 필요한 로더(Loader) 프로그램이나 부팅코드와 파티션 분할정보가 기록된다. 파티션 부분에는 4개의 주 파티션으로 나누어 사용할 수 있는데 이러한 파티션 분할 정보가 MBR 영역에 포함되어 있어서 컴퓨터 운영체제는 하드디스크가 몇 개의 파티션으로 분할되어 있는지 알 수 있다.

플래터(디스크)
헤드
헤드 암
스핀들(모터)
보이스코일 모터
(스태핑 모터)

4) 파일 시스템

컴퓨터의 운영체제가 컴퓨터에 연결된 하드디스크를 실제로 사용하기 위해서 데이터를 어떤 방식으로 기록할 것인지 미리 정해놓아야 하는데 이러한 것을 파일 시스템이라고 한다. 윈도즈 운영체제에서는 'FAT 32'와 'NTFS' 방식이 주로 사용되고, 리눅스 운영체제에서는 'EXT 2'와 'EXT 3' 방식이 주로 사용되며, 유닉스 운영체제는

'UFS'를 비롯하여 고유의 파일 시스템을 사용한다.

파일 시스템은 크게 할당 영역(Allocated Area)과 비할당 영역(Unallocated Area)으로 구분한다. 할당 영역은 컴퓨터 운영체제, 응용프로그램 또는 사용자에 의해서 생성된 폴더나 파일들이 저장되는 공간이고, 비할당 영역은 그러한 폴더나 파일들이 저장되어 있지 않은 공간이다. 그러나 폴더나 파일이 삭제될 경우 운영체제와 파일 시스템에 의해서 해당 부분이 비할당 영역으로 다시 분류되기 때문에 비할당 영역에도 실제로는 데이터가 저장되어 있을 수 있다. 삭제된 파일을 복구하는 것은 바로 데이터가 저장된 비할당 영역에서 파일의 내용을 찾아내는 것이다.

할당 영역에는 폴더와 파일이 저장되는데 컴퓨터 사용자로서는 폴더와 파일은 그 구조가 명확히 구분되지만, 컴퓨터 운영체제와 파일 시스템의 입장에서는 폴더와 파일은 큰 차이가 없다.

파일이 데이터가 저장되는 공간이라면, 폴더는 파일의 속성에 대한 데이터가 저장되는 공간으로 이해할 수 있다. 폴더 내에는 해당 폴더 내에 저장된 각 파일의 파일명, 생성 일자, 수정 일자, 크기 등 속성값과 실제로 파일의 데이터가 시작되는 위치에 대한 정보가 일정한 형식으로 저장되어 있다.

컴퓨터의 운영체제는 폴더에서 이러한 속성값 등을 읽어 파일을 표시하는 것이고 파일을 열람할 때는 파일의 시작 위치를 찾아서 읽어 들이는 것이다.

파일 시스템과 관련해서 마지막으로 살펴볼 것은 파일 슬랙(File Slack)이라는 것이다. 하드디스크에 저장되었던 파일이 삭제되면 실제로는 파일의 데이터가 삭제되는 것이 아니라 삭제된 것으로 표시될 뿐이다. 따라서 운영체제는 해당 파일을 삭제된 것으로 인식하여 사용자에게 표시하지 않지만 실제로는 데이터가 존재한다. 그리고 이러한 삭제된 파일의 데이터 공간은 이후에 다른 파일에 의해서 다시 사용되는데 이때 나중에 저장되는 파일의 크기가 앞서 삭제된 파일의 크기보다 작으면 삭제된 파일의 끝부분에는 새로운 데이터가 기록되지 않고 이전의 데이터가 그대로 남아 있게 된다. 이러한 공간을 파일 슬랙이라고 부른다. 파일 슬랙은 하드디스크가 클러스터(블록) 단위로 구분되어 사용되기 때문에 발생하는 현상이다.

하드디스크는 데이터의 입출력 속도를 높이기 위해서 여러 개의 섹터를 묶은 클러스터 또는 블록이라는 개념을 사용한다. 따라서 아무리 작은 용량의 파일이라도 적어도 하나의 클러스터를 차지하게 된다.

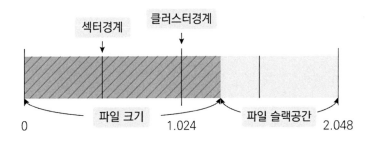

위 그림은 클러스터와 파일 슬랙의 관계를 보여주고 있다. 하나의 클러스터가 2개의 섹터로 되어 있으면 하나의 클러스터는 1,024바이트가 된다. 위의 그림에서 크기가 1,400바이트인 파일이 새로 저장되는 경우에 클러스터는 2개가 필요하고 클러스터 단위로 사용되므로 첫 번째 클러스터 부분에 남아 있던 데이터는 새로운 데이터에 의해서 사라지게 되지만 두 번째 클러스터의 끝부분은 사라지지 않고 그대로 남아 있게 된다. 파일 슬랙 공간은 적게는 수십에서 많게는 수백 바이트 정도의 크기를 갖게 되고 파일 슬랙 공간에 텍스트의 형태의 자료가 저장된 경우에는 의미 있는 수사 단서를 발견하는 것도 가능하다.

나. 분석 환경과 도구

디지털 증거를 효과적으로 분석하기 위해서는 분석용 컴퓨터, 저장장치 등 적절한 분석 환경이 필요하다. 4TB 이상의 용량을 가진 하드디스크에 대해서 몇 가지 검색만 하더라도 몇 시간 이상이 소요되고 정밀하게 분석하기 위해서는 여러 날에서 여러 주일이 소요될 수도 있다. 그러므로 이러한 대용량의 하드디스그를 분식하기 위해서는 디지털 증거분석을 위한 전용 시스템과 저장장치가 필요하다.

분석용 시스템과 저장장치의 성능은 분석작업에 영향을 직접 주기 때문에 별도의 시스템을 구축해서 사용하는 것이 바람직하며, 저장장치는 네트워크로 연결이 가능한 스토리지(Storage) 시스템으로 운영하여 네트워크를 통해 여러 사람이 동시에 작업할 수 있도록 구성할 필요가 있다.

디지털 증거에 관한 관심이 높은 나라에서는 각 수사기관 또는 민간기관에 디지털 증거를 전문적으로 분석할 수 있는 '디지털 증거 포렌식 연구소'를 운영하고 있으며, 대한민국 경찰청에서도 이러한 세계적인 추세와 필요성에 의해서 사이버 안전국으로 조직을 확대 개편하였고, '디지털포렌식 센터'를 운영하고 있다.

사이버 범죄를 수사하는 수사관은 평소 디지털 증거의 분석 방법에 대해서 많은 관심을 가져야 하고 분석용 시스템은 물론 분석 도구의 사용법에 대해서 잘 익혀두어야 한다. 그렇지 않으면 피의자의 범행을 입증할 수 있는 명백한 증거를 눈앞에 두고도 이를 알아보지 못하여 수사를 그르치는 실수를 할 수 있다.

다. 분석기법

하드디스크를 분석할 때에 일반적으로 사용되는 여러 가지 분석기법의 개념에 대해서 살펴본다.

1) 파티션 복구

파티션 복구는 하드디스크의 저장 공간에서 파티션 정보가 저장된 섹터를 찾고 이 정보를 이용해서 삭제된 파티션을 삭제 이전의 상태로 되돌리는 과정이다. 하드디스크의 MBR 부분에 파티션에 대한 분할정보가 기록되어 있으나 여러 가지 이유로 파티션 분할정보가 훼손될 수 있다. 파티션 분할정보가 심각하게 훼손된 경우에는 더는 파티션 분할정보를 사용해 파티션을 찾는 것은 불가능하다. 이럴 때 하드디스크의 미사용영역(Unused Disk Area)에서 특정 파티션을 직접 찾아내야 한다.

2) 폴더 및 파일 복구

하드디스크에 폴더와 파일을 저장하기 위해서는 파티션과 파일 시스템을 만들어야 한다. 파일 시스템에는 저장된 폴더와 파일에 대한 정보가 저장되는 부분이 있다.

FAT32 파일 시스템에는 파티션의 앞부분에 '파일 할당 정보 (FAT, File Allocation Table)'라는 공간이 있고, NTFS 파일 시스템에는 '마스터 파일 테이블(MFT, Master File Table)'이라는 공간이 있으며 EXT2와 EXT3 파일 시스템에서는 '아이노드 테이블(Inode Table)'이라는 공간이 있는데 이 부분에 폴더와 파일에 대한 정보들이 기록된다. 그러므로 이러한 FAT와 MFT의 구조를 상세히 이해하고 있으면 삭제된 파일이라도 복구하는 것이 가능하다.

3) 파일 시그니처 분석

컴퓨터에서 사용되는 파일은 그 자료저장 방식에 따라서 크게 텍스트 파일과 바이너리(Binary) 파일로 구분할 수 있다. 텍스트 파일은 파일의 자료저장 방식이 일반적인 아스키 문자 코드에 기반한 문자 형태로 저장되므로 특별한 소프트웨어가 없더라도 '메모장'과 같은 단순한 문서 편집기를 이용해서 내용의 열람, 편집 및 수정을 할 수 있다. 그러나 바이너리 파일의 경우에는 해당 응용프로그램의 고유한 자료저장 방식이 사용되고 다른 파일들과 쉽게 구별하기 위해서 파일의 시작 또는 끝부분에 식별 가능한 표식을 하게 되는데 이러한 것을 '파일 시그니처(File Signature)'라고 부른다.

〈그림 JPG의 파일 시그니처〉

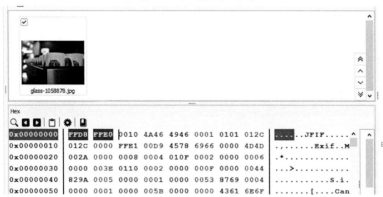

위 그림은 JPG 형식의 그림 파일의 파일 시그니처(FFD8 FFE0)를 나타내는 것이다. 이처럼 파일의 첫 부분에 파일의 종류를 알 수 있는 특수한 이진 데이터가 포함되어 있다.

파일 시그니처를 이용한 분석기법은 파일 확장자명이 바뀐 파일을 찾는 데 유용하다. 예를 들면 범인이 자신의 범행과 관련된 내용을 '아래아한글' 파일로 작성한 후에 그 파일의 확장자를 'gif'로 변경하게 되면 윈도즈 탐색기에서는 그림 파일로 표시된다. 따라서 수사관이 그 파일을 더블 클릭하거나 그래픽 소프트웨어에서 불러들여도 그 내용을 확인할 수 없다.

파일 시그니처 분석은 파일의 확장자와 시그니처가 일치하는지를 비교함으로써 확장자와 시그니처가 서로 다른 파일을 쉽게 발견할 수 있게 있다.

4) 키워드 검색

키워드 검색이란 스트링(Strings) 검색이라고도 하는데, 하드디스크의 특정 부분이나 특정 파일에 대해서 특정 키워드가 존재하는지를 검색하는 분석기법이다.

이 분석기법은 범인이 사용한 컴퓨터에서 피해자의 ID나 E-mail 주소 또는 피해 컴퓨터의 IP주소나 도메인 주소 등 특정 정보를 키워드로 검색하여 용의자가 피해자나 피해 컴퓨터에 대하여 인식하고 있었는지를 확인하는 데 활용할 수 있다. 실제에서는 키워드 선정할 때에 '정규 표현식'을 적용하여 키워드를 선정함으로써 유사한 부분까지도 모두 검색해 낼 수 있다. 키워드 검색 방법은 검색해야 할 하드디스크나 파일의 크기가 크면 검색에 장시간이 소요되고 일반적인 키워드를 사용할 경우 너무 많은 데이터가 검색되어 검색의 효과가 떨어지는 단점이 있으나 하드디스크 등에서 특정 자료가 기록되어 있는지를 확인할 수 있는 가장 확실한 방법이다.

5) 타임라인(Timeline) 분석

하드디스크에 저장된 폴더와 파일은 생성 시간(Create Time), 마지막 수정 시간(Modify Time), 최근 접근시간(Access Time) 등에 대한 값을 갖고 있는데 이러한 세 가지의 시간을 MAC 타임이라고 한다.

MAC 타임을 적절히 활용하면 하드디스크 분석에 유용하게 사용할 수 있다. 즉, 하드디스크에 저장된 전체 폴더와 파일들에 대해서 '생성 시간'을 기준으로 정렬하면 특정 시간대에 생성된 폴더나 파일들의 목록을 얻을 수 있는데 이러한 분석 방법을 타임라인 분석이라고 한다.

범인이 평소 사용하는 컴퓨터에 대해 Timeline 분석을 수행하여 범행 시간에 컴퓨터를 사용하였는지와 구체적으로 어떠한 작업을 수행하였는지를 파악할 수 있다.

〈그림: 파일 시간 정보〉

파일명	glass-1058878.jpg
경로	D:₩
생성시간	2020-05-04 12:33:27
수정시간	2020-03-12 07:15:10
접근시간	2020-05-04 12:33:27
크기	3.81 MB
원본확장자	jpg

• FAT 파일 시스템: 파일들의 Directory Entry 정보를 확인하면 다음의 시간 정보를 확인할 수 있다.

표 Directory Entry의 시간 정보

이름	설명
Created Time	파일이 생성된 시간
Created Date	파일이 생성된 날짜
Accessed Date	마지막으로 파일 내용에 접근한 날짜
Written Time	마지막으로 파일 내용을 수정한 시간
Written Date	마지막으로 파일 내용을 수정한 날짜

• NTFS: 파일들의 MFT Entry에서 $STANDARD_INFORMATION, $FILE_NAME 속성을 확인하면 다음의 시간 정보를 확인할 수 있다.

표 $STANDARD_INFORMATION, $FILE_NAME 속성의 시간 정보

이름	설명
Created Time	파일이 생성된 시간
Modified Time	마지막으로 파일 내용이 수정된 일시
MFT Modified Time	MFT 내용이 마지막으로 수정된 일시
Accessed Time	마지막으로 파일 내용에 접근한 일시

5. 증거분석 결과보고서 작성

가. 증거자료 관리

1) 저장매체 보관 및 이동

① 온도와 습도 등 기후의 영향을 받지 않으면서 충격과 먼지 등으로부터 보호될 수 있는 증거보관실을 설치, 운영한다.

② 증거물은 쓰기방지처리가 된 상태로 충격 방지용 보관함에 담아 분석이 끝날 때까지 증거보관실에 보관한다.

2) 사건 케이스별 분석 파일 관리

① 증거분석을 위해 생성한 복제본과 분석 과정에서 나온 결과물은 반영구적인 저장매체에 저장·보관한다.

② 사건종료 후 관련 분석자료 검색 및 열람을 통해 유사

사건 분석 또는 처리에 도움을 제공한다.

③ 증거물의 연계 보관성을 보증할 수 있도록 입·출 내역 등은 반드시 기록한다.

3) 증거보관실 장비 및 증거물에 관리

① 증거분석에 사용되는 도구 및 프로그램은 차후 수사 및 재판 과정에서 재검증이 필요할 경우를 대비하여 제조사, 제작연도, 업그레이드 버전별로 구분하여 장비 대장에 기록한다.

② 증거물 이송 시는 봉인하여 내용물이 변경 또는 멸실되지 않았음을 증명할 수 있도록 조치한다.

③ 증거수집 및 이송과정에서 수사관 등이 행한 조치에 대하여는 상세한 내용을 문서화한다.

나. 분석 결과보고서 작성 시 준수사항

결과보고서는 수사관이 쉽게 이해할 수 있는 용어를 사용하고 정확하고 간결하며 논리 정연하게 작성한다.

1) 결과보고서 작성 문구

① 가능한 한 추정을 배제하고 사실관계를 중심으로 작성하며 증거 발견방법 및 증거물에 대한 작업 내용은 간결한 문구를 사용한다.

② 결과보고서는 객관적 사실, 설명내용, 분석관 의견을 구분하여 작성한다.

2) 분석 경과 등의 표시

① 분석 및 처리 과정을 사진 또는 화면 캡처 등으로 표시하여 작성한다.

② 분석에 사용된 하드웨어와 소프트웨어의 정보를 상세히 작성한다.

3) 결과보고서 출력

① 결과보고서 각 과정(현장압수, 이미징, 분석)에서 담당자가 다수일 경우는 시간순에 따라 과정에 참여한 담당자를 모두 기재한다.

② 결과보고서 작성이 완료되면 분석담당관이 서명, 송부한다.

③ 결과보고서는 수정할 수 없는 문서자료(PDF) 형태로 작성한다.

다. 분석 결과보고서 작성례

분석 보고서는 아래의 항목들을 기본으로 하여 사건 및 분석 매체의 특성에 따라 추가사항을 가감한다.

---

1) 사건개요
2) 증거 수집일시 및 장소
3) 분석의뢰자
4) 분석대상 매체 정보
5) 분석의뢰 내용
6) 분석경과
7) 분석에 사용된 도구 및 절차
8) 분석결과

- 하드디스크 등 매체(전체 이미징 사례)
  - 해시값 검증
  - 키워드 관련 주요파일
  - 인터넷 접속 기록
  - 매체 기본정보
  - 삭제된 파일 및 비할당영역 정보
  - 기타 특이사항
- 휴대전화 매체(전체 이미징 사례)
- 파일 선별 추출(관련 파일만 추출 사례)
9) 결과보고서 산출(통보)

라. 분석결과 통보 및 관리

1) 분석 결과보고서를 전자문서 형태로 통보 시 임의 수정이 불가능한 PDF 형태의 파일로 만들어서 통보한다.
2) 상세리포트 및 대용량 첨부파일의 내용이 있는 경우 출력물 또는 CD 등의 형태로 기본 보고서와 함께 첨부한다.
3) 분석 시 생성된 케이스 파일 및 매체별 분석 보고서, 현장 사진, 현장에서 확인된 해시값, 현장의 동영상 자료는 사건별로 관리한다.
4) 분석 완료 후 통계 자료는 보안 사이버 시스템에 등록한다.

6. 공판에서의 디지털 증거 검증

가. 검증의 정의 및 절차

형사소송법 제139조에서 '법원은 사실을 발견함에 필요한 때에는 검증을 할 수 있다'고 규정하고 있는데 여기서 검증이란 '법관이 직접 자기의 감각에 의하여 사물의 성질, 상태를 실험하는 증거조사'를 의미한다.

공안사건 등 사회 이목이 집중되는 사건에 대해서 법원은 디지털 포렌식 분석관 또는 수사요원을 출석시켜 디지털 증거검증을 요구하는 경우가 증가하고 있는데 이를 달리 말하면 디지털 증거의 증거능력 여부를 중시하고 있다는 뜻이다.

나. 디지털 증거 검증 증가

과거 형사재판은 조서중심주의에 가까웠으나 현재는 2007년 단행된 형사소송법 개정과 국민참여재판의 도입으로 수사기록에만 의존하지 않고 피고인과 증인들이 법정에서 한 진술과 증언, 검찰과 변호인 간의 공방을 토대로 유, 무죄를 판단하는 공판중심주의를 따르고 있다.

이런 흐름에 따라 사법경찰관이 공판정에서의 증거를 위해 증인으로 소환되어 증언하는 경우가 증가하고 있으며 해당 사건의 유·무죄 판단에도 큰 역할을 하고 있다.

공안사건의 경우에는 법정 증인 출석 요구가 지속적으로 증가하고 있으며, 특히 디지털 증거물에 대한 증거능력이 중요시되면서 증거분석을 담당했던 포렌식 요원들이 법정에서 직접 증거조사에 대해 검증하는 경우가 급증하는 추세이다.

다. 검증 준비사항

1) 비공개 검증 신청

증거분석관이 법정에서 디지털 증거에 대한 검증을 하게 되면서 증거분석 및 암호 해독 등 최신 수사기법이 노출되는 문제가 발생하고 있다. 사건 관련 공범 및 연계 조직원이 법정에서 이러한 최신 수사기법을 알게 될 경우 이를 분석하여 활동 전술을 변화시켜 나아갈 수가 있다. 또한, 수사기법뿐만 아니라 일반인에게 공개되면 안 되는 이적표현물 등 문건이 그대로 노출될 수도 있다.

따라서 이러한 문제를 사전에 방지하기 위해서는 검증 1주일 전에 담당 검사 또는 법원에 비공개 검증신청을 요청하여 최대한 비공개 검증을 추진해야 한다.

2) 공판 중인 사건에 대한 자료분석

증거분석관은 법정에 증거분석을 위해 출석하기 전 해당 사건에 대한 공소 요지, 압수, 수색 절차, 디지털 증거 해시값 등 판결에 영향을 미치는 부분에 대해 사전에 파악해야 한다.

또한, 사건 수사 절차상 하자나 디지털 증거 훼손 여부 등 수사 과정에서 문제가 있었던 사안에 대해서는 사전에 숙지하고 이에 대비할 수 있도록 준비해야 할 것이다.

3) 포렌식 장비 점검

증거분석관이 법정에 디지털 증거물에 대해서 컴퓨터 또는 포렌식 장비를 사용하여 증거분석을 하게 되는데, 이러한 경우에 장비에서 오류가 발생하여 검증이 원활히 진행되지 않을 수 있다.

이러한 경우 법관에게 증거 전체에 대한 불신과 오해를 발생시킬 수 있고 변호인 측에게도 이를 문제 삼아 증거능력을 부인할 수 있다. 특히, 포렌식 장비는 외견상 특별한 고장 증상이 나타나지 않기 때문에 각별히 주의해야 하므로 사전에 반드시 포렌식 장비를 점검하는 것이 필요하다. 이와 별도로 검증에 사용되는 프로그램은 증거조작 시비가 생기지 않도록 반드시 정품 소프트웨어를 사용하여야 한다.

라. 검증 조사자 자격

공판에 나가는 증거분석관의 증거분석 과정에 대해 법관이 신뢰를 가지기 위해서는 무엇보다 객관적으로 디지털 증거에 대한 검증 전문가임을 증명할 수 있어야 한다. '영남위원회 사건'의 판례에서는 디지털 증거물들에 대해서 전문법칙이 적용되어 증거능력을 인정받지 못했으나, '일심회 사건'의 판례에서 사법부는 전문 자격이 있는 자가 검증된 도구를 사용하여 분석한 결과는 신뢰할 수 있다고 판시하였는데 이러한 점에서 전문가 자격증 또는 기타 자료를 통해 검증 조사자로서의 전문가임을 증명할 수 있어야 한다.

일반적으로 포렌식 관련 업무를 2년 이상 담당하였거나 포렌식 관련 석·박사 학위 소지자, 포렌식 관련 자격증(EnCE[1], CHFI[2], 디지털포렌식전문가 등) 취득자라면 검증 조사자로서 자격이 충분히 있다고 할 수 있겠다.

마. 검증 시 유의사항

앞서 언급한 것과 같이 공안사건 또는 사회적 이슈가 큰 사건에서 디지털 증거에 대한 증거능력이 첨예하게 대립하고 있으며 소위 '왕재산 사건'에는 2011년 7월 피의자 검거에서부터 2013년 7월 대법원 최종판결에 이르기까지 2년여 기간 동안 33회에 걸친 공판 대부분이 디지털 매체에서 수집된 증거물 검증에 할애되었으며 동*대학교 정*심 교수의 자녀 표창장 위조 사건과 관련하여 피의자 정*심 교수 컴퓨터의 압수로 취득한 디지털 증거에 대한 디지털 포렌식 과정 등에 대해서 검사와 변호인 간 증거능력에 대해서 지속적으로 다

---

1) EnCase Certification
2) Computer Hacking Forensic Investigator Certification

투고 있다.

　그만큼 공판에서 디지털 증거의 중요성이 커지면서 변호인 측에서는 디지털 증거능력을 배제하기 위해 면밀한 분석을 요구하고 있다. 따라서, 증거분석관은 디지털 증거에 대하여 한쪽에 치우침 없이 아주 공정하며, 불확실한 정보는 배제하고 최대한 객관적인 정보를 가지고 검증하여야 한다.

찾아보기

저자 소개

1995.8.12. 순경 임용
합천경찰서 수사과
부산지방경찰청 사이버범죄수사대
부산지방경찰청 보안사이버팀
경찰인재개발원 보안학과 교수

現 한국산업기술보호협회 산업보안관리사 출제위원
　　부산광역시 사전재난영향성 검토 위원
　　동서대학교 사회안전학부 교수
　　동서대학교 보안사이버경찰 전공 책임교수
　　동서대학교 인공지능 모바일 포렌식 센터장

학력

동아대학교 법학과
부경대학교 정보보호학 석·박사

"본 교재는 과학기술정보통신부 및 정보통신기획평가원에서 주관하여 진행한 결과물입니다. (2019-0-01817)"

사이버 범죄 수사

초판발행	2020년 10월 30일
지은이	김용호
펴낸이	안종만·안상준
편 집	이면희
기획/마케팅	정성혁
표지디자인	BEN STORY
제 작	고철민·조영환
펴낸곳	(주)박영사
	서울특별시 금천구 가산디지털2로 53, 210호(가산동, 한라시그마밸리)
	등록 1959. 3. 11. 제300-1959-1호(倫)
전 화	02)733-6771
f a x	02)736-4818
e-mail	pys@pybook.co.kr
homepage	www.pybook.co.kr
ISBN	979-11-303-1107-4 93350

* 파본은 구입하신 곳에서 교환해 드립니다. 본서의 무단복제행위를 금합니다.
* 저자와 협의하여 인지첩부를 생략합니다.

정 가   14,000원